빅데이터, 생활을 바꾸다

빅데이터, 생활을 바꾸다

비즈니스에 바로 적용할 수 있는
50가지 데이터 활용법

초판 1쇄 발행 2021년 1월 8일

지은이 BC카드 빅데이터센터
펴낸이 성의현
펴낸곳 (주)미래의창

출판 신고 2019년 10월 28일 제2019-000291호
주소 서울시 마포구 잔다리로 62-1 미래의창빌딩(서교동 376-15, 5층)
전화 02-325-7556(편집), 02-338-5176(영업) **팩스** 02-338-5140
이메일 mbookjoa@naver.com
ISBN 979-11-972934-0-5 03320

빅데이터, 생활을 바꾸다

비즈니스에 바로 적용할 수 있는
50가지 데이터 활용법

BC카드 빅데이터센터 지음

미래의창

서문

빅데이터에서 의미와 재미를 찾다

포문 열린 빅데이터 산업의 빛과 그림자

2019년 과학기술정보통신부는 2021년까지 금융, 통신 등 10개 업종의 데이터 플랫폼과 41개 센터를 구축하겠다고 발표한 바 있다. 이에 따라 대기업, 공기업과 여러 벤처기업이 컨소시엄을 구성하면서 대대적으로 업종별 빅데이터 포털의 문이 열렸다. 그뿐만 아니라 지난 2020년 9월에는 추가경정예산을 통해 데이터를 최대한 모아 활용하는 '데이터 댐' 프로젝트를 본격 추진한다고 밝혔다.

'데이터 댐' 프로젝트는 정부의 디지털 뉴딜 대표 과제 중 하나로 미국 대공황 시기의 '후버댐' 건설과 같은 효과를 얻기 위해 기획된 사업이다. 즉, 일자리와 경기 부양 효과에 더해 미래를 위한 투자와 각 분야의 혁신을 동시에 추진하는 것이다. 대규모 예산이 집중적으로 투자되는 만

빅데이터 거래소 현황

과학기술정보통신부

- **빅데이터 플랫폼 통합데이터 지도**(https://www.bigdata-map.kr)
  - BC카드 금융 빅데이터 플랫폼(https://bigdata-finance.kr)
  - KDX 한국 데이터 거래소(https://kdx.kr)
  - KT 빅데이터 플랫폼(https://bigdata-telecom.kr)
  - 교통 데이터 거래소(https://diamond-e.kr)
  - 환경 데이터 마켓(https://www.bigdata-environment.kr)
  - 한국문화진흥원 문화 빅데이터 마켓(https://www.bigdata-culture.kr)
  - 중소·중견기업 데이터 유통 포털(https://www.bigdata-sme.kr)
- **한국데이터산업진흥원 데이터 스토어**(https://www.datastore.or.kr)

행정안전부

- **공공 데이터 포털**(https://www.data.go.kr)

금융위원회

- **금융 데이터 거래소**(https://findatamall.or.kr)

민간

- **SKT데이터 허브**(https://www.bigdataub.co.kr)

큼 빅데이터 산업 전반의 경쟁력을 높이고, 소비자들이 적재적소에 데이터를 활용해 얻을 수 있는 실질적인 효익을 키울 기회다. 이러한 흐름에 발맞춰 정부와 민간이 협업하여 무형의 데이터에 값어치를 매기고 거래할 수 있도록 한 빅데이터 거래소가 동시다발로 등장하고 있다.

빅데이터 거래소는 과거에 정부기관과 기업이 데이터를 독점적으로 보유하고 사용했던 경험을 개선하여 그들이 더 많은 데이터를 개방하도록 돕기 위한 목적으로 만들어졌다. 많은 양의 데이터가 개방되면 이를 더 많은 기관과 사람이 사용할 수 있게 되고, 데이터 사용에 있어 기울어진 운동장과 같은 정보 불균형의 폐해를 극복해나갈 수 있을 것이다. 또한 빅데이터 시대에는 시장을 통해 개방된 데이터를 과거보다 용이하게 얻을 수 있어 데이터 취득에 필요한 비용도 현저하게 낮아질 것으로 기대한다.

하지만 많은 양의 데이터가 개방된다고 저절로 다양하게 활용되는 것은 아니다. 앞서 문을 연 여러 빅데이터 거래소도 개소만으로 수요를 곧장 크게 증가시키지 못했다. 그 이유는 여전히 많은 이들에게 무형의 데이터를 사고판다는 개념이 익숙하지 않을뿐더러 무엇보다 돈을 지불하고 구매한 데이터를 활용했을 때 더 높은 가치가 창출될 것이라는 확신이 들지 않기 때문이다.

실제로 보유한 데이터가 많다고 데이터를 처리하는 과정과 그 결과가 항상 긍정적이진 않다. 데이터를 수집하고 정리하기 위한 대규모 시스템 도입이 비교적 용이한 거대 기업 입장에서는 많은 양의 데이터를 타 경쟁자의 진입을 차단하는 수단이 된다고 판단할 수 있으나 데이터 사이언티스트 입장에서는 많은 데이터가 종종 가치 있는 통찰이 아니라 처리에 상당한 시간과 노력이 필요한 골칫거리로 여겨질 수도 있기 때문이다.

데이터 활용 목적의 중요성

전작《빅데이터, 사람을 읽다》를 통해 소개한 바 있는 고객 소비 유형 세그먼트를 조합하면 그림에서 보는 것처럼 읽기조차 어려운 어마어마하게 큰 숫자가 탄생한다. 이론적으로는 이 숫자의 조합만으로도 개개인의 특성을 서로 다르게 구분 지을 수 있을 뿐만 아니라, 여러 복잡한 상황에 따라 다르게 드러나는 각 개인의 성향을 면밀히 파악할 만큼의 데이터양을 확보하고 있다는 의미다. 대개 이 양적 데이터를 화려한 차트와 그래프로 제시하면 빅데이터의 활용 가치가 증대되고 인사이트를 얻은 것으로 생각하기 쉽다. 하지만 양적 데이터 분석은 과거를 설명할 뿐이고 사실상 새로운 활용 가능성을 제시하기보다 분석자가 이미 알고 있는 명백한 고객 행동과 생각을 증명하는 데 그치는 경우가 많다.

예를 들어 어떤 지자체 담당자가 지역에 유입되는 외국인의 유동 인

고객 소비 유형을 다양한 방식으로 조합했을 때 발생하는 경우의 수

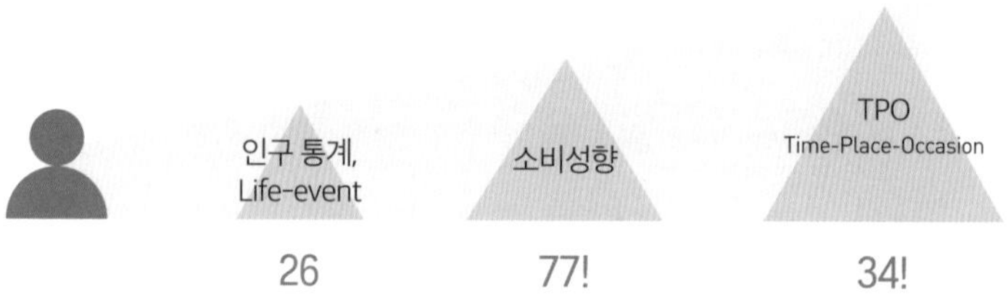

1,071,570,265,818,380,000,000,000,000,000,000,000,000,000,000,000,000,000,000,000,
000,000,000,000,000,000,000,000,000,000,000,000,000,000,000,000,000,000,000,000,0
00,000,000,000,000,000,000,000,000 x α

구 통신사 데이터와 해당 지역에서 지출하는 건수와 금액, 지출 시점에 대한 카드사 소비 데이터를 확보하고 전국 데이터와 비교·분석하여 그 지역의 '외국인 인기 관광지 Best 10'을 발표하는 경우를 가정해보자. 엄청난 양의 데이터를 수집 및 정제, 분석하고 결과를 차트와 그래프로 제시하는 데 상당한 정성과 시간을 쏟기 때문에 결과 도출 후 해당 담당자는 데이터 사이언티스트로서 한층 발전한 듯해 뿌듯할 것이다. 하지만 그 결과가 '외국인 인기 관광지 Best 10'이라는 점을 간과해서는 안 된다. 사실 이 목적을 달성하기 위해서는 단 몇 명의 여행사 담당자가 이미 알고 있던 외국인 인기 관광지 주변의 상인들과 대화를 나누는 편이 훨씬 더 효율적이었을지도 모른다. 오히려 깊이 있는 대화를 통해 외국인 관광객이 '왜' 그 장소에 방문했는지, 그리고 '왜' 그 장소에서의 소비가 그 순간 관광객에게 중요한지와 관련한 정보를 더 많이 얻게 됐을 수도 있기 때문이다.

디지털 뉴딜의 데이터 댐 정책이 참고한 후버댐은 세계 최대 규모의 콘크리트 건축물, 획기적인 건설 기술로 인류 역사상 최대 토목 공사 중 하나로 꼽히지만 진정한 가치는 단순히 규모와 기술에 있는 것이 아니다. 이 댐이 만들어진 이후 미국 남서부와 멕시코의 황야가 미국에서 가장 비옥한 곡창지대로 바뀌었고, 수력 발전소에서 생산되는 전력이 풍부해진 덕에 지역 경제가 살아나면서 다양한 산업들로 이루어진 생태계가 조성됐다. 댐이 가져온 경기 부양 효과 또한 건설 과정 중에만 두드러진 것이 아니라 지속해서 확장하고 발전했다.

우리는 데이터를 수집하고 분석하는 과정에 상당 기간 노력을 기울이지만, 데이터는 상상 이상으로 방대하기 때문에 데이터 활용 효과가 그에 반드시 비례하여 나타나지는 않는다. 후버댐의 사례와 같이 데이터를 잘 활용하려면 인간의 근본적인 욕구에 해당하는 '왜'에 초점을 맞춰 필요한 데이터를 찾아내고 사람들에게 도움이 되는 상품과 서비스를 제공해야 한다. 데이터가 필요한 이유에 대한 진지한 고민 없이 그저 가지고 있는 데이터로 분석을 시작하면 유용한 서비스를 만들어내기 어렵고, 그 결과 또한 뻔한 방안이 되기 쉽다. 현업 실무자들이 자주 하는 말이 있다. 바로 "한 줌의 소금을 얻기 위해 바다를 끓여서는 안 된다"는 말이다. 피터 드러커가 비즈니스의 진짜 목적을 "고객을 창출하고 유지하는

데이터의 비즈니스 활용 구조

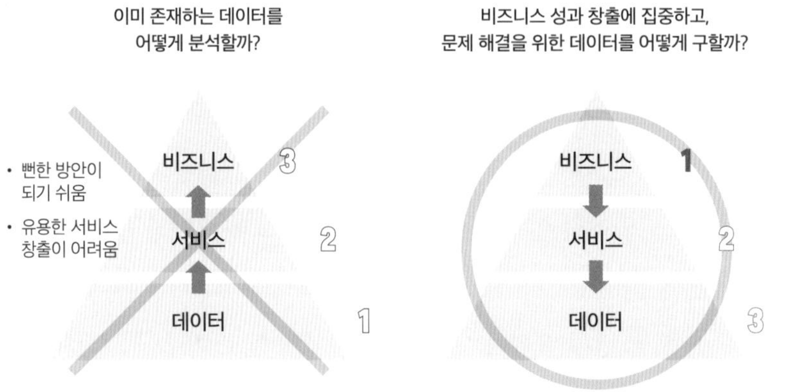

것"이라고 한 것처럼 고객을 만들고 지키는 일에 진짜 필요한 데이터가 활용되어야 한다.

작은 데이터 활용이 가져오는 큰 변화

데이터를 바라보는 관점을 '분석'보다 '활용'에 맞추면 '데이터의 양'에 대한 집착을 버릴 수 있고 비즈니스 전문가로서 높은 수준의 통찰력으로 비즈니스에 도움이 되는 데이터를 발견해낼 수 있다. 이러한 통찰력은 어느 날 갑자기 천재적인 영감이 떠오르듯이 얻게 되는 것이 아니다. 대개 시행착오를 반복해가며 경험을 통해 얻는 경우가 많다. 따라서 영감이 떠오르기를 기다리기보다는 직접 비즈니스를 모델로 만들고 적용해보는 편이 낫다. 처음부터 시간을 들여서 완벽한 것을 만들어내려 하기보다 우선 시작한 후에 착오와 시행을 반복하면서 비즈니스 성과를 만들어가는 '애자일' 방식이 중요하다.

《이기적 유전자》로 잘 알려진 리처드 도킨스가 그의 또 다른 저서 《눈먼 시계공》을 통해 자연의 진화가 우연한 선택이 누적된 결과라고 주장했던 것처럼 실패를 겪더라도 거듭 반복하는 것은 큰 의미를 지닌다. 진화 과정에서 드러나는 각각의 연속적인 변화가 그 앞에 있던 것과 비교할 때 매우 미미하더라도 말이다.

비록 작기는 하지만 매번의 개선이 커다란 변화를 구축하는 기초가 된다. 데이터 활용도 마찬가지다. 단번에 혁신적인 비즈니스를 만드는 것은 불가능하며 데이터 활용이 가져온 변화를 조금씩 선택하는 과정을 통해 혁신성이 축적될 수 있다. 따라서 작은 데이터를 손쉽게 활용해보는 것이 비즈니스에 비교할 수 없을 정도로 유리하다.

작은 데이터를 활용하기 시작하면 각자가 속한 비즈니스 전문성은 빛을 발할 수 있다. 데이터를 선택하는 과정에 비즈니스 역량이 가미되면서 데이터 활용 방향이 차별화되기 때문이다. 비즈니스의 고유한 특성에 따라 데이터 활용에 대한 선택이 다르며, 데이터 활용과 선택이 몇 번이고 반복되는 순환과정을 통해 빅데이터 활용 가치는 큰 폭으로 증가한다.

작고 단순한 데이터가 전문가의 눈으로 비즈니스에 필요하다는 판

데이터의 활용 구조 개념도

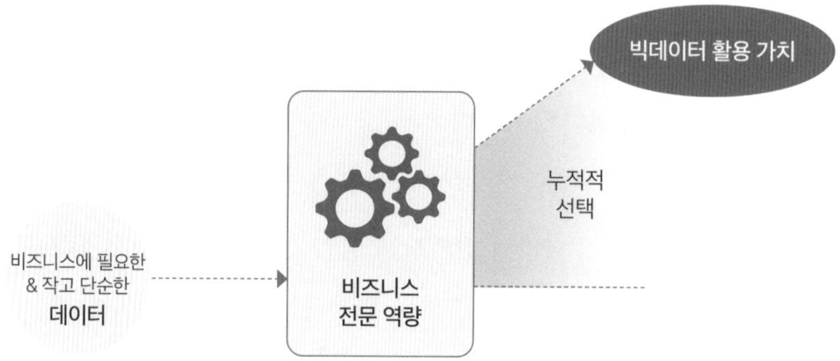

단을 통해 선택 및 활용되면 여러 시행착오 과정을 거쳐 데이터의 가치가 크게 증대된다. 예를 들어 신문이나 포털에서 쉽게 확인 가능한 TV 편성 정보조차 IPTV 사업자는 의미 있는 데이터로 활용할 수 있다. IPTV를 신청하는 가구가 송출하는 시간과 방송국 정보와 TV 편성표의 프로그램 데이터가 축적되면 해당 가구 구성원이 주로 관람하는 채널 비중에 따라 골프를 선호하는지, 육아·보육 단계의 가구인지 등 가구 특성에 대한 정보를 파악하는 식이다.

이 책을 통해 근본적으로 빅데이터를 활용하는 데 있어 '누적적 선택'의 힘이 얼마나 큰지 보여주고자 한다. '작은 데이터의 활용', '비즈니스 관점의 선택'이 누적적 선택에 성공하는 가장 중요한 요인이라는 깨달음을 여러 사람과 나누고 싶었다. 이에 따라 BC카드 빅데이터센터팀에서 작은 데이터로 비즈니스에 활용할 수 있는 작은 일들을 정리했더니 금세 100개가 넘는 아이디어가 모였다. 기획 단계에서 이 책의 제목이 '빅데이터 백서'였던 이유다.

지금 바로 비즈니스에 적용할 수 있는 50가지 데이터 활용법

데이터로 할 수 있는 일들을 어린 시절 읽었던 도감처럼 슬쩍 봐도 비즈니스의 큰 틀을 한눈에 파악할 수 있도록 최대한 간단하게 풀어내고자 했다. 100여 가지 아이디어 중 실질적으로 비즈니스에 적용할 수 있는 빅데이터 활용 사례를 절반가량 추려 이 책에서 소개했다. 사례는 단지 이해를 돕기 위한 매개체이기 때문에 최근 비즈니스에서 관심이 높고 궁금할 법한 주제 '생활', '금융', '주거', '트렌드', '코로나 영향'으로 구분하고 사례를 들어 설명하되, 가급적 간단한 데이터를 활용하고자 하는 원칙은 유지했다.

이제 빅데이터 활용에 있어서 가장 중요한 일은 과거와 같이 각 기업이 가지고 있는 데이터로 만들어낼 수 있는 서비스를 시장에 선보이고 사업화(수익화)하는 것이 아니라, 고객의 핵심 니즈가 무엇인지와 같은 비즈니스 가치를 먼저 파악하고 이와 관련된 서비스를 개발하는 데 필요한 데이터를 제대로 사용하는 것이다. 이를 위해서는 어떤 데이터를 어떻게 활용할 수 있는지, 그 데이터는 누가(어떤 기업이) 제공할 수 있는지 미리 파악해야 경쟁력을 얻을 수 있다. 따라서 이 책의 각 사례는 아래와 같은 순환구조를 한 번에 읽을 수 있는 형태로 구성했다.

- 작은 데이터를 활용한 사례와 분석: 비즈니스 가치 설명
- 이 데이터 누가 사용할까: 사례 데이터를 활용 가능한 비즈니스 안내
- 이 데이터 어디서 찾았을까: 사례 데이터를 수집 가능한 출처 안내

'작은 데이터 활용-비즈니스 선택-데이터 출처'의 누적적 순환구조를 이해하면 비즈니스 자체를 깊이 이해할 수 있다. 최근 데이터 3법의 개정으로 인해 본인 동의 없이 비식별화한 개인정보인 '가명 정보'를 산업적 목적으로 활용할 수 있는 길이 열리면서 이종 산업간 데이터를 결합해 각자의 비즈니스에 활용하고자 다양한 제휴가 시도되고 있다. 통상 이종 산업 간에는 상대의 비즈니스에 대해 아는 바가 많지 않아서 재무상태표나 손익계산서만 보고 자칫 서로가 '돈만 벌어들이는 사업'이라는 편견을 가질 수 있다. 그러나 데이터-비즈니스 간의 순환구조를 활용하면 비즈니스의 목적이 수익에 국한되지 않고 여러 가지 목표를 세우고 그것을 달성하는 과정에서 의미, 효율, 재미를 실현하는 종합시스템이라는 구조까지 파악할 수 있다. 서로의 비즈니스를 면밀히 파악 가능하므로 상대 회사의 비즈니스 역량도 흡수함으로써 더 큰 비즈니스적 영향력을 발휘할 수 있다. 데이터의 누적적 선택에 의한 활용 가치가 증폭되는

서로 다른 데이터의 활용 가치 증대 개념도

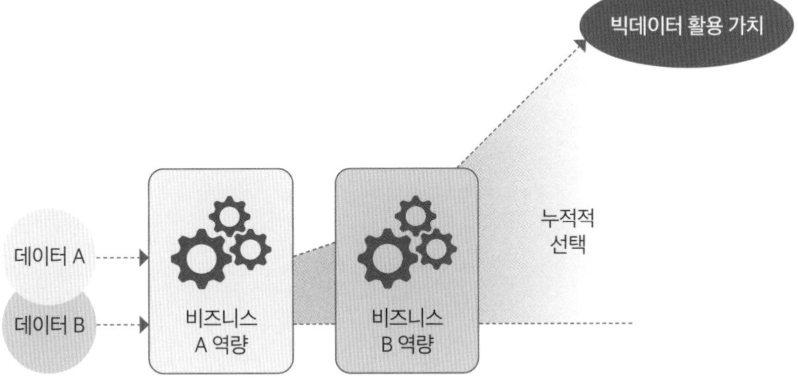

것이다. 따라서 다른 산업과의 제휴를 통해 새로운 비즈니스 모델을 찾고자 할 때 데이터를 활용하는 것은 효과적이다.

이 책을 통해 '빅데이터는 의미와 재미가 있고 활용할 데가 많다'라고 생각하는 사람이 늘어나기를, '빅데이터의 간단한 활용과 누적적 선택'이라는 공통의 언어가 생기기를, 그리고 빅데이터 활용 방법에 고민이 많은 기업과 단체, 개인의 비즈니스에 도움이 되기를 바란다.

목차

PART 2

금융

PART 3
주거

PART 4
트렌드

부록
코로나 이펙트

BIG DATA

PART 1

생활

01

직장인의 온라인 결제 타이밍이 마케팅을 말한다

김신입 씨는 등린이(등산과 어린이의 합성어, 등산을 이제 막 시작한 사람을 의미)다. 월요일 점심 식사 후 자투리 시간을 활용해 지난 주말 산행에서 눈에 들어왔던 한 등산객의 넥워머를 빠르게 검색하여 결제까지 완료했다.

결혼 6개월 차 이대리 씨는 설거지로부터 해방되고자 주말 내내 온라인에서 식기세척기 후기를 검색해보고, 오프라인 매장에서 직접 비교했다. 이제 최종 결정만 남은 상황. 주말이 끝날 때까지 고민만 거듭하다가 월요일 퇴근길, 지하철에서 과감하게 결제했다.

워킹 맘 박과장 씨는 '육퇴('육아 퇴근'의 줄임말)' 후 비로소 찾아오는 휴식 시간에 인터넷 쇼핑을 즐긴다. 이 시간마저도 주로 아이들에게 필요한 장난감, 육아용품들을 구매하고, 요즘은 원격 수업으로 학교에 가지 않는 아이들의 식사와 간식을 챙기기 위해 새벽 배송을 애용하고 있다.

경제 대표 직장인!! 온라인 시장에서 어떻게 소비할까?

고용노동부가 발표한 〈사업체 노동력 조사 보고서〉에 의하면 2020년 기준 우리나라의 근로소득자는 약 1,830만 명으로 전체 인구수 5,180만 명과 비교하여 단순 환산하면, 인구 3명 중 1명이 직장인이라 할 수 있다. 통계청이 발표한 〈2019년 연간 온라인 쇼핑 거래액〉에 따르면 연간 135조 원 규모인 온라인 쇼핑 시장에서 우리나라 경제를 대표하는 직장인들은 무엇을, 언제 소비할까?

온라인 쇼핑은 월요일이 제 맛

서울 소재 직장에 다니는 직장인들의 요일별 온라인 결제 데이터를 분석해본 결과, 직장인은 월요일에 온라인 쇼핑을 가장 많이 하는 것으로 나타났다. 화요일부터 토요일까지 감소하던 온라인 소비는 다시 일요일에 증가하는 패턴을 보였다. 이는 직장인의 고질병이라고 하는 월요병 스트레스를 쇼핑으로 풀고자 하며, 주중에는 업무로 인해 온라인 쇼핑에 많은 시간을 투자하지 못하기 때문으로 해석해볼 수 있다. 또한 직장인 대다수가 금요일과 토요일에는 외부 활동을 하거나 휴식에 집중하며, 인터넷 쇼핑에 상대적으로 많은 시간을 쏟지 않는 것으로 보인다. 또한 평일에는 쇼핑을 위해 발품을 들

요일별 온라인 쇼핑 이용 비중 비교(2020년 3~6월)

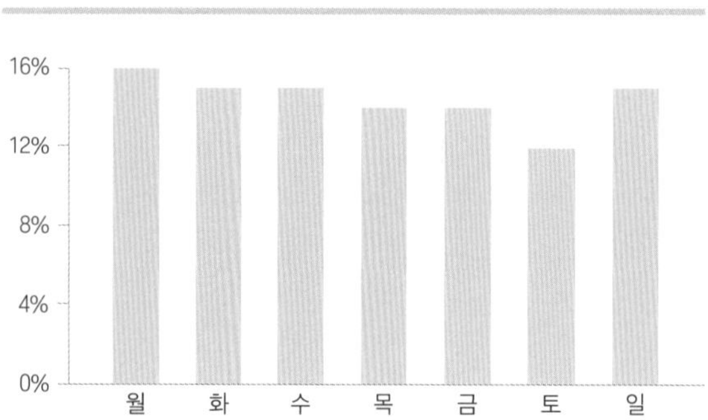

출처: BC카드 빅데이터센터

이기 어려운 직장인들이 주말에 오프라인 매장에서 상품을 직접 살펴보거나 여러 온라인 쇼핑몰을 뒤져가며 상품을 비교하고 고민한 후, 상품을 구매하겠다는 결심이 선 월요일에 과감히 결제하는 소비 패턴이 빅데이터로 나타났다.

그렇다면 직장인이 온라인 쇼핑을 가장 많이 하는 시간대는 언제일까? 근무 시간이 일정한 직장인들은 점심시간 막간의 쇼핑을 통해 '소확행('소소하지만 확실한 행복'의 줄임말)'을 느낀다. 그보다 활발하게 온라인 쇼핑을 하는 시간은 직장인에게 하루 중 가장 편안한 때라고 할 수 있는 퇴근 후부터 잠들기 전(오후 8시부터 자정)까지다.

시간별로 주로 구매하는 품목도 다르다. 점심시간에는 패션 잡화를 많이 구매하고, 저녁시간에는 음·식료품에 소비하는 편이며, 심야시간

시간대별 온라인 쇼핑 이용 비중 비교(2020년 3~6월)

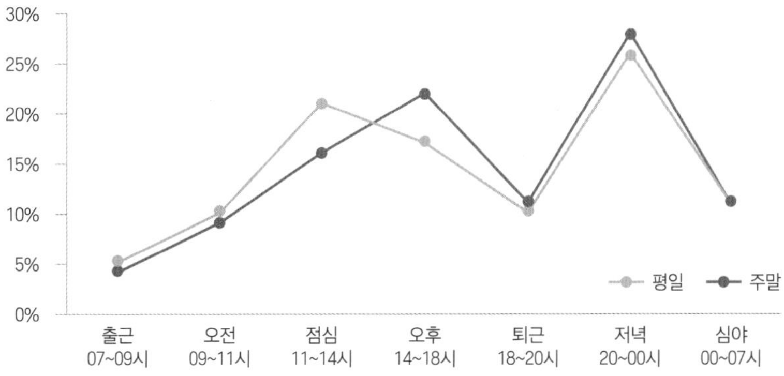

시간대별 주요 거래 품목	인테리어·생활용품	패션 잡화	패션 잡화	가구·가전	가구·가전	음식 서비스	음·식료품

출처: BC카드 빅데이터센터

에는 의류, 혹은 여가와 관련된 레저용품을 구매하는 비중이 큰 것으로 나타났다.

여가를 즐기고 싶은 마음으로 관련 품목들을 구매하며 하루를 마치거나, 장바구니에 위시리스트를 가득 담아놓고 잠들었다가 다음 날 점심시간, 오전 내내 머릿속에 맴돌았던 상품을 과감히 결제하는 직장인의 온라인 쇼핑 심리를 비즈니스에 활용해보면 어떨까? 오픈마켓이나 온라인 셀러들은 월요일 점심시간에 장바구니 속 담아둔 상품에 대한 할인 쿠폰을, 퇴근 후에는 음식과 관련된 할인 쿠폰을 발송하고, 심야에는 감성을 파고드는 인테리어 소품 핫딜을 소개하는 시간별 마케팅 전략을 세워볼 수 있다. 적절한 타이밍에 마음을 건드리는 마케팅에 직장인의 지갑은 한없이 너그러워질 것이다.

이 데이터 누가 사용할까?

오픈마켓, 온라인 셀러

- 오픈마켓의 직장인 타깃 이벤트 기획
- 온라인 셀러들의 시간별 직장인 타깃 마케팅 시행

이 데이터 어디서 찾았을까?

- BC카드, 온라인 구매 품목별 소비 데이터
- 통계청, '온라인쇼핑동향'

02

출퇴근길 소비가 달라졌다

직장가의 새로운 풍경

불과 몇 해 전만 해도 인기 있는 음식점은 늘 자리를 잡지 못할 정도였고, 잦은 모임과 회식으로 다음 날 아침 콩나물국밥집이나 라면집은 해장하는 사람들로 북새통을 이뤘다. 그러나 2019년 근로기준법 제50조1항에 따른 주 40시간이 본격적으로 시행되고 '워라밸Work-life balance'을 중시하는 문화가 생기면서 술집과 해장국이 사람들로 북적이던 출퇴근길 풍경을 찾아보기 힘들어졌다.

최근 코로나19로 재택근무가 일상화되면서 오피스 주변의 출퇴근 시간대 풍경이 '워라밸' 문화가 만들어낸 작년의 모습과는 또 다른 양상을 띤다. '집콕(집에만 콕 박혀 있는)'과 같은 새로운 소비 트렌드가 생겨나면서 퇴근 시간대 헬스장 등 스포츠 센터나 사우나, 저녁 식사 모임이 가

출퇴근 시간대의 소비 변화 데이터를 면밀히 검토해보면 오피스 주변 사업 아이템을 찾고 지역을 선별하는 데 도움을 얻을 수 있다.

능한 장소는 한산하기 그지없다.

오피스 주변 상권들의 변화하는 모습을 데이터를 통해 확인하면 소상공인이나 창업을 준비하는 사람들은 오피스 주변 사업 아이템을 찾고 지역을 선별하는 데 도움을 얻을 수 있다.

출퇴근 시간대 소비 변화

2019년과 코로나19가 확산된 2020년, 여의도역 주변의 카드 결제 내역을 비교하여 오피스 주변 상권을 분석해보면 직장인들의 소비 변화가 확연하게 드러난다.

여의도동 출근 시간대 증감 소비 형태를 살펴보면 식품 관련 업종(서양 음식, 음료·식품, 일반 한식, 스낵)의 소비가 하락한 것을 알 수 있다. 편의점의 경우 기타 식음료 업종보다는 하락률이 낮다. 이는 재택근무가 활성화하면서 실수요자가 줄어들고 사람이 많이 모이는 식음료 업종에 대한 요구가 급격히 하락한 것을 원인으로 꼽을 수 있다.

출근 시간대 소비 변화(2019년 vs 2020년 1~6월 오전 7시~9시 기준)

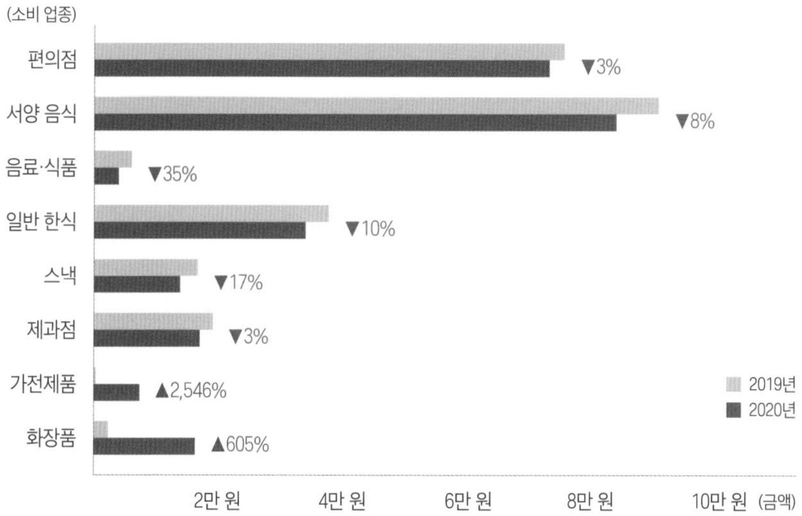

퇴근 시간대 소비 변화(2019년 vs 2020년 1~6월 오후 5시~7시 기준)

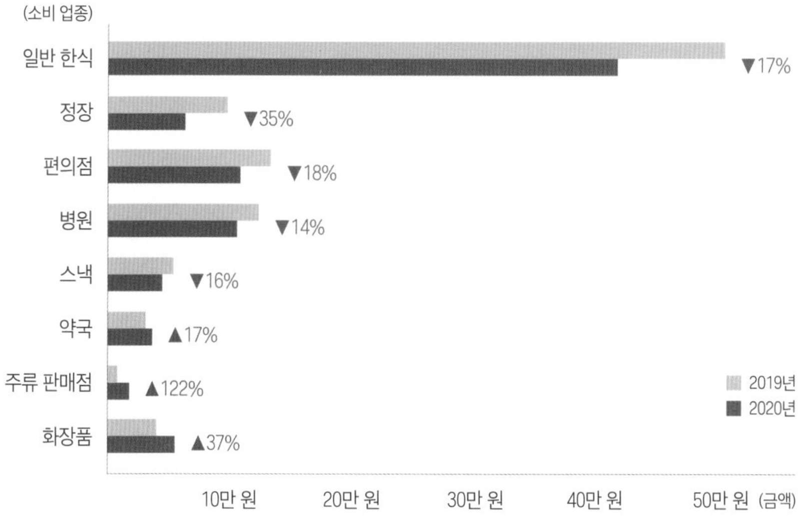

반면 식기세척기와 의류 건조기, TV 등 가전제품 매출은 코로나 사태 전과 후를 비교했을 때 그 상승폭이 가장 높게 나타났다. '집콕' 문화가 확산하면서 가정 내에서 시간을 편안하게 보내고자 하는 심리가 소비로 이어진 것이다.[1] 그리고 장시간 마스크 착용으로 피부 관리에 대한 관심이 급증하면서 화장품 매출이 상승하고 있는 것 또한 눈여겨볼 만하다.

퇴근 시간대 소비는 음식 관련 소비와 정장, 의원, 편의점에서의 소비가 하락하고 있다는 점이 눈에 띈다. 반대로 소비가 증가한 항목은 주류 판매점과 약국 매출이 두드러지고, 출근 시간대와 마찬가지로 화장품 업종 매출이 증가세를 보인다.

코로나19로 인해 삼삼오오 모여 식사나 음료를 즐기는 업종에서 소비 하락세가 급격하고, '혼술(혼자 마시는 술)'을 즐기는 이들이 늘면서 주류 판매점에서의 소비가 이를 대체하고 있다. 또한 약국, 화장품과 같이 신체, 피부 등 건강과 관련된 업종과 장시간 마스크 착용으로 뷰티 업종에서의 소비가 늘어난 것을 확인할 수 있다. 코로나 상황이 장기화되고 있는 지금 출퇴근 소비 변화는 개인사업자와 창업을 준비하는 이들이 충분히 참고할 만하다.

이 데이터 누가 사용할까?

예비 창업자, 자영업자

- 신규 사업을 구상 중인 예비 창업자와 자영업자의 창업 아이템 및 지역 선정

이 데이터 어디서 찾았을까?

- BC카드, 특정 상권 특정 시간대의 소비 정보

03

도서 지역에서 가장 많이 찾는 택배 물품

추가 비용과 긴 기다림에도 끊을 수 없는 온라인 쇼핑

온라인 쇼핑을 할 때 보통 상품 결제 단계에서 배송비를 확인하게 된다. 그런데 도서 산간, 제주 지역에 사는 이들은 배송 단계에서 추가 배송비를 고지받는 경우가 많다. 2017년 11월 제주연구원이 발표한 〈제주도민 택배 이용 실태 및 개선 방안〉 보고서에 따르면 제주도민은 온라인 쇼핑에 따른 특수 배송비로 쇼핑 건당 평균 4,000원을 추가 부담 중이라고 한다.

이에 따라 공정거래위원회는 '전자상거래 등에서의 상품 등의 정보 제공에 관한 고시'를 개정해 2021년 1월부터 시행한다고 밝혔다. 개정된 고시는 인터넷, TV 홈쇼핑 등 통신 판매 업종에서 추가 배송 비용을 상품 정보를 제공하는 단계에서 표시하도록 하고 있다. 결제 단계에서 추

제주도민은 온라인 쇼핑을 할 때 지역에 따라 발생하는 추가 배송비를 부담할 경우가 많다. 제주 지역 소상공인이 데이터를 활용한다면 이들의 불편을 덜어주고, 매출도 올릴 방법을 찾을 수 있다.

가 배송 비용을 안내받지 못해 피해를 보는 도서 산간 지역 주민을 보호하기 위해서다.

도서 산간, 제주 지역의 주민들은 추가로 지출해야만 하는 배송비의 부담뿐만 아니라 수도권 거주 지역 주민에 비해 어쩔 수 없이 상대적으로 배송이 오래 걸리는 것도 감내해야만 한다. 이러한 불편에도 온라인 거래 시장의 빠른 성장에 그들 역시 동참하지 않을 수 없는 상황이다. 코로나19로 배달 서비스가 폭발적으로 성장하면서 사람들은 비대면 서비스에 자연스럽게 적응하게 됐으며, 이는 온라인 시장이 변화하는 데 주요한 역할을 했다.

2020년 상반기를 기준으로 제주도와 서울에 거주하는 고객이 이용한 온라인 쇼핑 금액을 분석해봤다. 다음 표는 전체 온라인 결제 중 사는 지역이 달라도 추가 배송비가 발생하지 않는 업종에 대한 각 지역 고객들의 이용 비중을 나타냈다. 그중 배달 음식은 도서 산간이나 서울 등의 지역 구분 없이 동일하게 배달료가 발생하기 때문에 지역에 따른 추가 배송비가 없는 항목에 속한다.

제주도와 서울 거주 고객이 이용한 전체 온라인 쇼핑 이용 금액에서 배달 음식, 항공·숙박, 온라인 학습·게임과 같이 배송비가 발생하지 않는 온라인 상품 구매가 전체 온라인 쇼핑에서 차지하는 비중은 제주도민이 45.7%인데 비해 서울 거주자는 39.9%인 것으로 나타났다. 이는 도서 지역이나 제주도에 거주하는 소비자의 경우 온라인 쇼핑에 따른 추가 배송비 부담, 긴 시간이 소요되는 배송에 대한 불편을 여전히 크게 느끼고 있다고 해석할 수 있다.

지역에 따른 추가 배송비가 없는 온라인 결제 업종 이용액 비중(2020년 상반기 기준)

* 전체 온라인 결제 = 100

제주도 거주자	이용액 비중	서울 거주자	이용액 비중
배달 음식	25.8%	배달 음식	27.3%
항공	13.3%	항공	3.8%
자기 계발	2.8%	자기 계발	3.6%
게임	1.7%	숙박	2.5%
숙박	1.4%	게임	1.7%
여행·테마파크	0.7%	여행·테마파크	1.0%
합계	45.7%	합계	39.9%

출처: BC카드

그들은 장바구니에 무엇을 담았나

그렇다면 제주도민이 추가 배송비를 부담하고 배송이 오래 걸리는 데도 불구하고 장바구니에 담는 상품은 무엇일까?

배달 음식, 디지털 콘텐츠와 같이 배송비가 발생하지 않는 온라인 결제 업종을 제외하고 이용액 비중이 높은 10개 상품을 서울 거주자의 쇼핑 상품과 비교 분석했다. 건강용품·식품, 육아용품, 스포츠 의류에 대한 온라인 쇼핑 수요가 지역에 상관없이 모두 높게 나타났고, 키즈 패션, 주방용품, 간식, 기초 화장품에 대한 수요는 제주도 거주자가 상대적으로 높았다.

온라인 결제 이용액 상위 10개 품목(2020년 상반기 기준)

추가 배송비가 발생하는 품목

제주도 거주자	이용액 비중	서울 거주자	이용액 비중
건강 의료용품	19.2%	건강식품	4.2%
육아용품	16.4%	건강 의료용품	4.0%
건강식품	15.4%	스포츠 의류	3.0%
스포츠의류	11.3%	육아용품	2.9%
키즈 패션	6.7%	PC·노트북·태블릿	2.7%
주방용품	3.9%	기타 농산물	2.2%
기타 농산물	3.1%	디지털 액세서리	2.1%
간식	3.0%	공연	1.9%
기초 화장품	2.5%	간편 조리식품	1.8%
간편 조리식품	2.3%	여성 핸드백	1.8%

출처: BC카드

제주도에서 육아 및 아이 관련 용품과 서비스, 주방용품, 화장품의 수요가 상대적으로 높은 것은 제주도민 중 신혼 영유아 가구가 39%, 초중고 자녀 가구가 22%로 가장 큰 비중을 차지하며, 제주도 내 30~40대 여성 소비가 2017년 57%에서 2020년 64%로 크게 증가한 현상이 반영된 결과라고 할 수 있다.

제주도 내 주요 거주지 인근 상권에서 사업을 준비하거나 이미 장사하고 있는 소상공인이라면 지역 주민들이 배송에 대한 불편 없이 필요한 물품을 구매할 수 있도록 돕는 역할을 할 때 매출 또한 오르는 일석이조의 효과를 누릴 수 있을 것이다. 서로에게 도움이 되는 관계를 오래 유지

온라인 쇼핑 이용 건수 비중 상위 10개 품목(2020년 상반기 기준)

제주도 거주자	이용 건수 비중	서울 거주자	이용 건수 비중
육아용품 서비스	19.3%	건강 의료용품 서비스	4.4%
건강식품	12.1%	육아용품 서비스	3.7%
스포츠 의류	8.8%	건강식품	3.4%
키즈 패션	8.6%	기타 농산물	3.3%
건강 의료용품 서비스	6.5%	간식	3.1%
간식	5.2%	간편 조리식품	2.8%
주방용품	4.4%	스포츠 의류	2.5%
기타 농산물	3.8%	축산	2.1%
간편 조리식품	3.5%	키즈 패션	2.1%
기초 화장품	2.5%	주방용품	2.1%

출처: BC카드

하기 위해 제주도민이 배송의 불편을 감내하면서까지 온라인에서 주로 구매하지만 타지역에서는 온라인 구매 비중이 상대적으로 낮은 키즈 패션, 주방용품, 간식, 기초 화장품과 같은 물품을 눈여겨볼 필요가 있다.

만일, 제주도 지역에서 온라인 스토어 입점을 계획 중인 스타트업이나 지역 거점 물류 창고 운영을 고려 중인 사업자라면 육아용품, 키즈 패션, 건강식품, 건강용품, 스포츠용품과 같이 상대적으로 제주도민의 이용 건수 비중이 높은 쇼핑 품목 데이터를 활용하면 창업의 성공 가능성을 높일 수 있을 것이다.

이 데이터 누가 사용할까?

지역 소상공인, 지역 기반 스타트업, 물류·배송 사업자

- 지역 기반 소상공인의 온라인 쇼핑에 불편이 발생하는 지역 주민을 위한 서비스 및 물품 제공
- 지역 기반 온라인 쇼핑몰 사업자의 판매 물품 선정
- 물류·배송 서비스 사업자의 물류 창고 위치 선정

이 데이터 어디서 찾았을까?

- BC카드, 고객 거주 지역 및 온라인 구매 물품명
- 대형 온라인 쇼핑몰, 구매 품목 및 배송 요청 주소
- 택배회사, 우체국, 배송지 및 배송 물품명

04

빅데이터로
명절에 문 연 맛집을 찾을 수 있다?

휴일에도 건강하고 안전하게

늦은 밤, 아기가 열이 나고 복통으로 잠들지 못하는데, 집에 약이 없다면 어떻게 해야 할까? 편의점에서 제한적으로 판매하는 상비약을 이용할 수도 있고, 조금 더 심각한 상황이라면 심야에 문 연 주변 약국을 찾아 다급하게 전화를 돌려야 할 것이다. 이런 경우 '휴일지킴이약국' 안내 시스템에서 현재 운영 중인 약국을 검색하면, 늦은 밤 문 연 약국을 찾아 헤매는 시간과 수고를 아낄 수 있다.

'휴일지킴이약국'은 국민의 약국 이용 편의 제공과 국민 보건 향상을 위하여 대한약사회에서 제공하고 관리하는 시스템으로 야간에나 명절, 법정공휴일과 같은 특정 시점 또는 검색하는 시점에 운영 중인 약국을 안내한다.

출처: 휴일지킴이약국

응급 상황이 아닌 조금 더 일상적인 상황에서 누구나 한 번쯤 해봤을 경험을 떠올려보자. 설날 명절을 맞아 친척들이 집에 모였다. 우리 동네의 맛집을 소개하고 싶은데, 인터넷으로 검색해서 볼 수 있는 음식점에 대한 정보들이 조금씩 다르다. 과연 어떤 식당이 진짜 문을 열었을까? 연중무휴로 운영하는 줄 알았던 편의점을 휴일에 방문했는데 문을 닫았다면? 주말 데이트를 위해 포털을 검색해본 후 한껏 기대에 부풀어 찾아간 맛집이 내부 인테리어 공사 중이라면? 늦은 밤 야근을 마치고 집으로 들어가는 길에 따뜻한 국물 한 그릇으로 허기를 달래고 싶을 때, 문 연 가게가 어디에 있을까? 이처럼 소소한 일상의 질문들을 빅데이터로 해결할 수 있다.

빅데이터로 매장 영업시간 예측하기

SNS에 매일 수십 건의 후기가 올라오던 맛집인데 어느 날부터 리뷰가 뚝 끊겼다면 상점이 폐업했거나 임시 휴업한 상태라는 것을 짐작할 수 있다. 매일 새벽 3시까지 카드 결제가 발생하던 편의점에서 자정 이후 카드 결제가 발생하지 않는다면, 편의점 자율 규약 시행에 따라 해당 편의점이 심야 영업을 중단했을 확률이 높고, 식당에서 오후 3시부터 5시 사이에 카드 결제가 발생하지 않는다면, 매장이 브레이크 타임을 도입했을 가능성이 높다. 또한 설, 추석과 같은 명절 당일 매장에서 카드 결제가 발생했거나 매장 전화의 수신 이력이 있다면, 해당 매장은 영업 중이라고 판단할 수 있다.

실제로 금융 빅데이터 플랫폼에서는 카드 데이터를 활용하여 식당, 슈퍼마켓, 약국, 병원, 주유소와 같이 실생활과 밀접한 업종에 대한 매장 영업시간 예측 정보를 제공하는 '문 연 가게 어디지' 서비스를 운영하고 있다. 건강심사평가원에서 기존에 제공해온 병원, 약국 등의 영업 정보와 각 상점에서 발생하는 카드 결제 발생 시간 데이터를 결합한 형태다. 여기에 딥러닝 분야의 인공신경망 RNN^Recurrecnt Neural Network^을 한 단계 발전시킨 LSTM^Long Short-Term Memory^ 네트워크 학습 모델 '영업 확률 예측 모델'이 활용된다.

이를 바탕으로 해당 서비스는 각 상점의 일자별 최초·최종 카드 결제 발생 시간, 카드 결제 누락 시간, 카드 결제 누락 요일 데이터를 기반으로 한 영업 확률 예측 모델을 통해 새벽부터 아침, 점심, 저녁, 그리고 심야까지 시간대를 8구간으로 나눠 상점마다 영업 예측 정보를 제공한다. 이용하고자 하는 시간대와 업종을 선택하면 현재 위치를 중심으로

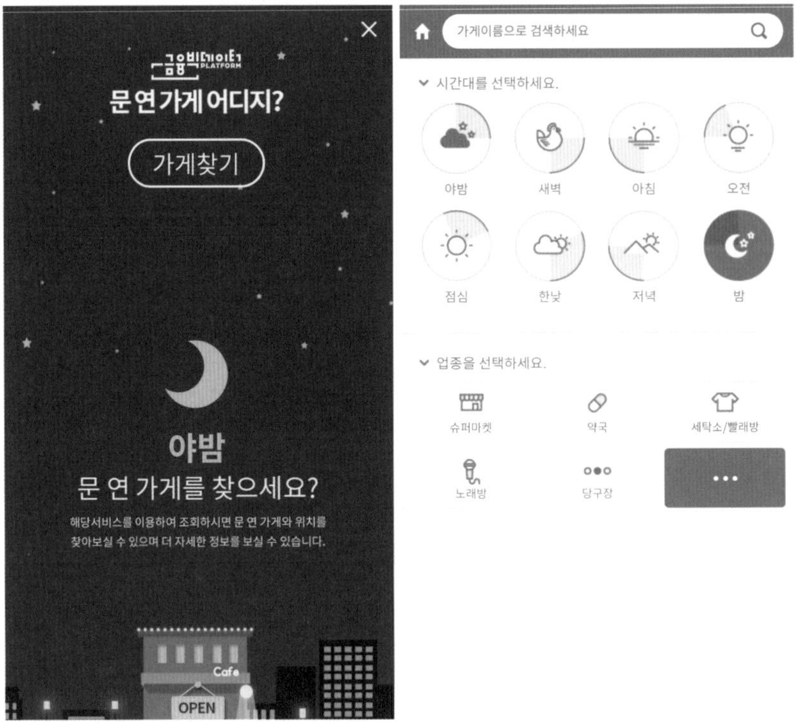

출처: 금융 빅데이터 플랫폼

선택한 시간대에 영업 중인 인근 상점들의 위치를 지도에서 볼 수 있고 가까운 매장 순서대로 정보를 확인할 수 있다. 그뿐만 아니라 특정 매장을 선택하면 요일별 영업시간이나 영업 여부와 같은 영업 패턴, 그 매장을 주로 이용하는 고객들의 연령과 성별, 이용 비중에 대한 정보를 손쉽게 얻는 것이 가능하며, 지도 서비스와 연결되어 있기 때문에 해당 매장까지 가는 길을 안내받을 수도 있다.

'문 연 가게 어디지' 서비스는 월별로 영업시간 예측 데이터를 업데이트한다. 상점 운영자의 예상치 못한 긴급 상황으로 발생하는 영업시간

변동까지는 반영하지 못하지만, 기존의 검색 포털이나 내비게이션에서 유연하게 제공하기 어려운 정보를 모아 이용자에게 보여줌으로써 작은 편의를 제공한다는 의미가 있다. 이는 빅데이터를 활용하여 문 연 가게로 안내하는 새로운 시도이기도 하다.

나아가 실시간 예측 데이터를 제공하는 시스템으로 고도화된다면, 데이트를 앞두고 브레이크 타임 없는 맛집을 찾거나 명절에 우리 동네 문 연 식당이 어디인지 찾기 위해 매장마다 일일이 전화하는 수고를 덜어줄 수 있을 것이다.

이 데이터 누가 사용할까?

특수한 상황에서 매장 영업시간이 궁금한 개인, 포털 및 내비게이션 사업자, O2O 사업자

- 포털 및 내비게이션 사업자의 정확한 매장 영업 정보를 제공하기 위한 보조지표
- 플랫폼 사업자들의 매장 운영 정보 업데이트

이 데이터 어디서 찾았을까?

- 휴일지킴이약국(www.pharm114.or.kr)
- 금융 빅데이터 플랫폼(www.bigdata-finance.kr), '문 연 가게 어디지'

05

직장 회식, 이제 빅데이터로 피한다

회사 몰래 자격증을 준비 중인 신입사원 A 씨. 투표로 정하는 팀 회식 날짜가 또 목요일에 잡혔다. 지난주에도 목요일 회식 때문에 학원 수업을 빠졌는데, 또 수업을 빠지면 진도를 따라가기 힘들 것 같아 난감하다.

월요병이 심한 직장인 B 씨는 퇴근 후 넷플릭스를 보며 맛있는 안주와 함께 '혼술'을 할 생각으로 하루를 버텼다. 하지만 오후 4시, "오늘 오랜만에 맥주 한잔할까?" 하는 팀장님의 말씀에 '지난주 월요일에도 한잔하셨잖아요'라고 속으로만 되뇌었다.

월요일, 가볍게 한잔 어때?

직장인이 회식 날짜를 예측하여 퇴근 이후 개인 스케줄을 잡는 요령은 회사와 개인 생활 간의 적절한 균형을 유지하는 데 필요한 주요 능력 중

빅데이터를 잘 활용하면 직장 회식이 몰리는 날을 피해 효율적으로 개인 일정을 잡을 수 있다.

하나다. 서울 소재 직장에 다니는 이들이 19시부터 22시 사이에 요식·유흥업종에서 법인카드로 결제한 건은 회식으로, 개인카드 결제한 건은 사적 모임으로 가정하고, 요일별 회식과 사적 모임의 패턴을 비교해봤다. 2020년은 코로나19로 인한 사회적 거리 두기 시행으로 회식 횟수 자체가 현저히 줄어 분석 대상 기간으로 삼지 않았다. 회식의 경우, 목요일 비중이 가장 높고, 뒤이어 월요일이 높았다. 반면 사적인 모임은 금요일의 비중이 월등히 높았다. '불금(불타는 금요일의 줄임말)'이 온전히 개인의 시간으로 인식되면서 자연스레 회식은 '불목'에 정착했음을 확인할 수 있다. 월요일은 원래 마시는 날

요일별 직장인 회식 비율(2019년 3~6월 기준)

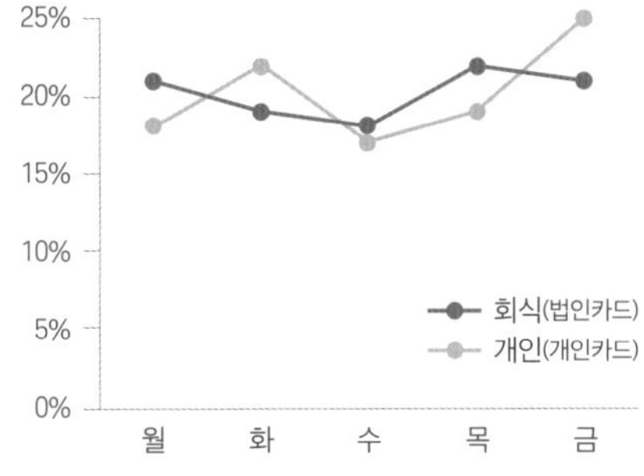

출처: BC카드 빅데이터센터

요일별 직장인의 결제 시간대와 건당 금액 비교(2019년 3~6월 기준)

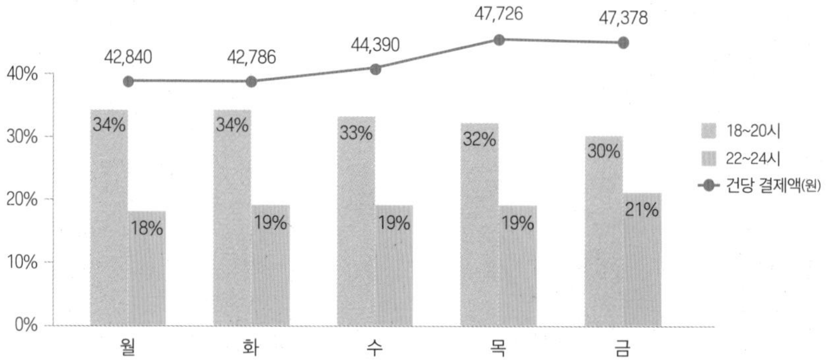

출처: BC카드 빅데이터센터

이라는 오래된 유머처럼 월요병을 이겨내고자 회식을 제안하는 사람이 많은 것으로 해석할 수 있다.

실제로 한 주를 시작하는 월요일에는 한 잔만 간단히, 한 주를 마무리하는 목요일과 금요일에는 여유를 가지고 늦은 시간까지 저녁 모임을 즐기는 것으로 나타났다. 월요일부터 금요일 5일 중 18~20시 사이에 카드 결제 비중이 가장 높은 요일은 월요일로 한 주를 시작하는 월요일에는 비교적 이른 시간 모임을 마무리하는 것으로 나타났고, 금요일로 갈수록 동시간대 결제 비중이 감소했다. 금요일의 경우 밤 10시 이후의 심야 카드 결제 비중이 다른 요일보다 높게 나타나며, 다음 날 출근의 부담이 적어 밤이 깊도록 오래 즐기는 것을 알 수 있다. 건당 평균 카드 이용 금액 또한 월요일보다는 목요일과 금요일이 더 컸는데, 이는 해당 요일에 더 오랜 시간 여유롭게 많은 음식을 즐겼거나, 월요일보다 더 많은 사람들이 모여 시간을 보낸 것으로 해석이 가능하다.

직장인의 회식이 변하고 있다.

주 52시간 근무제의 정착과 '워라밸' 중심의 문화가 확산되면서 회식 문화 또한 변하고 있다. 서울 내에서도 직장이 밀집된 주요 지역 영등포(여의도 일대), 종로, 강남, 금천(가산 일대)의 퇴근 이후 법인카드 이용 내역을 분석해본 결과, 유흥업종과 택시 이용은 감소한 데 비해 커피 전문점 이용은 증가한 것으로 나타났다. 퇴근 후 2차, 3차로 옮겨 다니며 술에 취해 택시로 귀가하는 경우는 줄고, 카페에서 회식의 2차를 즐기는 사례가 늘어난 것을 알 수 있다. 회식 문화의 변화가 데이터에서도 나타난 것이다.

그뿐만 아니라 먹고 마시는 과거 회식의 형태가 동료들과 함께 영화나 연극, 스포츠를 관람하는 등 다양한 콘텐츠를 즐기는 방식으로 변화하면서, 퇴근 시간 이후 문화 및 스포츠·레저 업종에서의 소비 또한 늘어난 것으로 나타났다.

직장인의 퇴근 이후 업종별 법인카드 이용 증감률
(2017년 vs 2019년 5~7월 오후 6시~11시 기준)

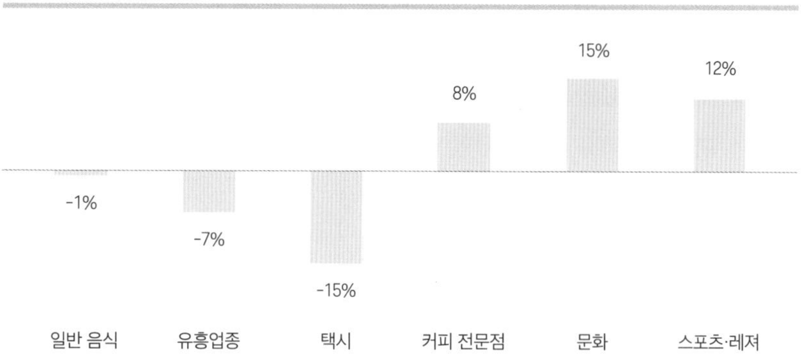

출처: BC카드 빅데이터센터

빅데이터가 내놓은 결론으로 봤을 때 많은 직장의 팀장은 월요일에 '맥주 한잔 어때?'를 제안할 가능성이 높고, 투표로 정하는 회식은 개인의 소중한 금요일을 지키면서도 한 주 근무의 부담을 최소화할 수 있는 목요일로 선정될 가능성이 가장 높다. 그리고 한 주를 시작하는 월요일에는 간단히, 목요일과 금요일은 늦은 시간까지 불태우며 모임을 즐긴다. 이는 직장인 개인이 요일별로 회식과 사적 모임을 즐기는 모습, 월요일만 되면 번개 모임을 만들어버리는 팀장의 모습이 그대로 반영된 결과다. 이처럼 빅데이터는 생각보다 복잡하거나 특별하지 않은 형태로 우리가 생각하고 행동하는 패턴들을 고스란히 보여준다.

이 데이터 누가 사용할까?

회식을 피하고 싶은 직장인, 기업 문화 담당자, 공공기관

- 회식을 피하고 싶은 직장인의 스케줄 관리
- 기업 문화 담당자나 공공기관의 정책 수립 및 효과 분석

이 데이터 어디서 찾았을까?

- BC카드, 요식업종 카드 소비 데이터

06

날씨 따라 인기 있는 식당이 따로 있다?

비 오는 날 막걸리를 찾는 이유

비 내리는 오후, 유리창에 빗방울이 부딪치는 소리를 듣고 있으면 퇴근 후 파전에 막걸리 한잔 생각이 절로 든다. 그 이유에 과학적으로 접근한 두 가지 설이 있다. 첫 번째는 빗방울이 떨어지는 소리를 들을 때, 지글지글 부침개 부치는 소리를 무의식중에 떠올리는 연상 효과라는 설이고, 두 번째는 높은 습도로 인해 불쾌지수가 올라가고 혈당이 떨어져 탄수화물(밀가루) 섭취 욕구가 증가하게 된다는 설[2]이다.

소리에 의한 연상 효과든, 체내 필요한 영양소를 공급하려는 인간의 본능이든 실제로 비가 오는 날 사람들은 파전과 막걸리를 얼마나 많이 떠올릴까?

소셜미디어에서 비 오는 날 SNS에서 파전과 막걸리를 언급하는 횟

일자별 #파전 #막걸리 #파전에막걸리 SNS 검색량(2019년 기준)

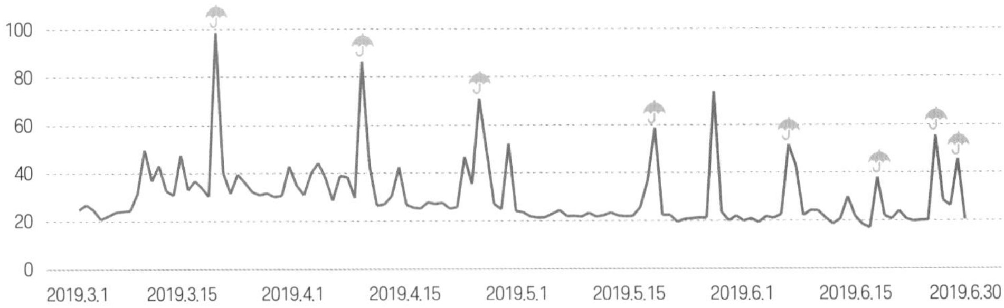

출처: 네이버 데이터랩, 기상청 기상자료개방포털

수를 데이터로 모아본 결과, 비가 오지 않는 날에 비해 최대 5배 더 많은 것으로 나타났다. 이 정도면 데이터가 우리 마음을 잘 나타낸다고도 볼 수 있다.

여름에는 '치맥지수', 미세먼지 많은 날에는 '삼겹살지수'

그렇다면 비 오는 날에 떠오르는 막걸리 생각이 실제 소비까지 이어질까? 한식, 전통 주점과 같은 요식업종의 일자별 카드 소비 데이터와 강수량, 기온, 미세먼지와 같은 날씨 데이터를 활용하여 이에 대한 답을 구해볼 수 있다.

비, 미세먼지, 더위를 날씨의 주요 변수로 보고 이에 따른 업종별 매출 변화를 분석해본 결과, 비 오는 날 전통 주점의 매출액은 연평균 매출과 대비해 1.3배 높은 것으로 나타났다. 실제로 비가 올 때 노릇노릇한 전에 시원한 막걸리를 마시며 낭만을 즐기기 위한 소비가 증가한 것이다. 반면, 더운 여름 날이나 미세먼지로 목이 칼칼한 날, 전통 주점에서의 소비는 확연히 줄었다.

'비 오는 날엔 막걸리'라는 공식을 파헤치는 것으로 시작했지만, '여름엔 치맥', '미세먼지엔 삼겹살'과 같은 공식들 또한 날씨별 카드 소비 빅데이터 분석을 통해 실제 소비로 연결됨을 확인할 수 있다. 서울시를 기준으로 삼겹살을 주요 메뉴로 판매하는 식당의 매출액을 살펴보면, 미세먼지 수치가 나쁜 날 평균 매출의 110% 수준으로 올랐다. 삼겹살의 돼지고기 기름이 호흡기까지 침투한 미세먼지를 제거하는 데 도움을 준다는 세간의 속설은 의학적으로 근거가 없다는 결론에도 불구하고, 여전히 미세먼지가 많은 날이면 사람들은 삼겹살을 먹는다.

무더운 계절에 청량함을 선사해주는 맥주의 단짝 치킨은 역시 여름에 연평균 매출액의 125% 수준으로 판매되며, '여름엔 치맥' 공식이 유효하다는 것을 빅데이터 결과로 확인할 수 있다. 또한 2018년까지만 해도 가장 무더운 7~8월에 한정됐던 치맥의 인기는 2020년에 이르자 본격

업종별 날씨에 따른 매출 지수(2019년 기준)

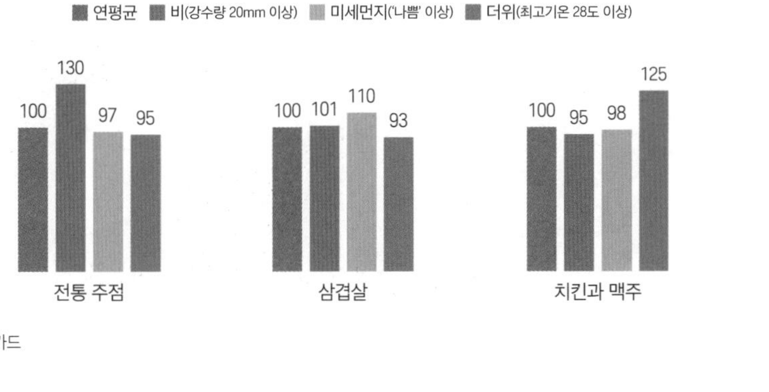

출처: BC카드

적으로 더위가 시작된 5월부터 9월까지 4개월간 지속됐다.

비 오는 날의 신흥 강자, 배달 업종

끼니를 때우고자 중국요리점에 전화를 걸어 자장면을 주문한 후 면이 불지만 않고 오기를 바라던 꽤 오래된 과거 배달 시스템과 현재 배달 플랫폼은 변화의 물결 속에서 크게 달라졌다. O2O 배달 플랫폼이 확산하면서 편리함과 간편함을 추구하는 현대인들에게 배달 음식은 한 끼를 먹더라도 맛있는 식사를 편안하게 하도록 돕는 수단으로 변화했다. 이 영향으로 빗속에서 수고스럽게 맛집을 찾는 대신 본인에게 가장 편안한 공간에서 빗소리와 함께 다양한 메뉴의 배달 음식을 즐기는 사람이 늘

비 오는 날 막걸리와 파전을, 더운 날 맥주와 치킨을 찾는 현상은 데이터로도 입증된다.

어났다.

2020년은 사회적 거리 두기의 영향으로 외식이 제한된 사례가 많아 분석 대상에서 제외하고, 2019년을 기준으로 배달의민족이나 요기요, 쿠팡이츠와 같은 주요 배달 앱의 날씨별 이용 데이터를 분석했다. 그 결과 비 오는 날 배달 앱을 통한 주문 금액은 연평균 대비 약 11% 높았고, 무더위에 직접 요리하거나 외식을 하는 것마저 귀찮아 배달 음식을 주문하는 사람들의 영향으로 최고 기온이 28도 이상인 날 배달 앱 이용 금액은 연평균 대비 약 9% 높은 것으로 나타났다. 미세먼지 수치가 높은 날 또한 배달 앱 이용 금액이 연평균 대비 약 3% 높아 미세먼지가 건강에 미치는 영향을 심각하게 받아들이고 있다는 것을 알 수 있다.

날씨에 따른 배달업종 이용 지수
(2019년 기준)

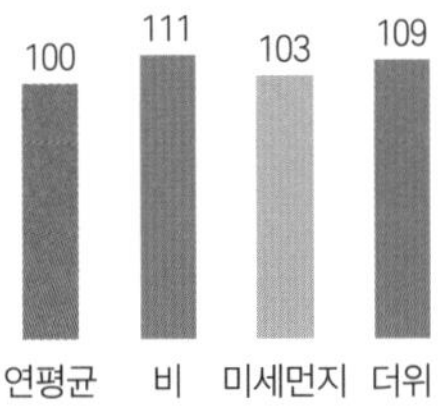

출처: BC카드

날씨에 따라 주로 주문하는 메뉴에도 차이가 나타났다. 비 오는 날에는 얼큰한 국물의 짬뽕을 주문하는 경우가 가장 많았으며, 기온이 높을 때 맥주와 잘 어울리는 치킨을 가장 많이 주문했다.

우리는 본능적으로 빗소리가 들려올 때 얼큰한 국물과 파전을 찾고, 더위로 땀이 비 오듯 흐를 때 온몸에 찬 기운을 단번에 전하는 맥주와 안주로 제격인 치킨을 찾게 되며, 이러한 본능은 소비로 직결된다.

이와 같은 현상을 활용하여 날씨에 따른 식당별 매출을 예측하는 시스템을 구축하면 주간 일기 예보 데이터를 통해 매출을 어느 정도 예측하는 것이 가능하다. 날씨에 따른 수요를 미리 헤아려 적절한 재료를 준비하고, 인력을 유연하게 배치한다면 운영 비용은 줄어들 것이다. 자연스럽게 재료 소진으로 인한 매출 손실 리스크도 감소한다. 또한 늘 신선한 재료를 사용하게 되기 때문에 고객들에게 더 맛있는 음식을 제공할 수 있을 것이다.

국세청이 발표한 '2019년 국세통계 1차 조기 공개'에 따르면 매해 17만 명이 새로이 식당을 연다. 처음이라 막막한 신규 창업자나 어려움을 겪고 있는 요식업 자영업자들이 가게를 운영하며 겪을 법한 시행착오를 줄이고, 안정적으로 사업을 운영할 수 있도록 이제 적극적으로 빅데이터를 활용할 때다.

이 데이터 누가 사용할까?

프랜차이즈 창업자, 요식업 자영업자

- 프랜차이즈 창업자나 요식업 자영업자의 일기예보에 따른 매출액 예측 및 이를 바탕으로 의사 결정

이 데이터 어디서 찾았을까?

- BC카드, 업종별 카드 소비 데이터
- 기상청, 공공 날씨 데이터
- 다음소프트, 이슈 키워드 버즈추이 데이터

07

'집콕', 실내 인테리어 시장의 전성시대

인테리어 시장의 중심에 선 2030세대

2020년, 단연 뜨거운 감자는 2030세대가 부동산 매수 세력으로 급부상했다는 점일 것이다. 그동안은 4050세대가 부동산 시장을 이끌었다면 최근 들어 부동산 관련 강력한 정부 정책과 집값 상승에 대한 기대감, 1인 가구 성향 증가로 젊은 세대가 부동산 시장으로 무섭게 진입하고 있다. 이러한 흐름 속에서 가전·인테리어 시장도 동시에 급속도로 성장했다.

특히 2030세대는 배달 서비스, OTT 서비스 등으로 플랫폼에 익숙하며 즐거움과 편리함을 추구하는 특성이 강해 굳이 밖으로 나가지 않고도 집에서 웬만한 일은 모두 처리한다. 이렇게 집에 머무는 시간이 늘어남에 따라 그들은 자신만의 개성을 살린 공간 인테리어에 집중하며 빠른 속도로 집 인테리어 시장에 진입하는 양상을 보인다. 한 가구 업체에 따르면 인테리어 시장 매출은 작년 대비 20% 이상 상승했으며, '인테리어'와 '집' 검색량을 기준으로 트래픽이 전년 대비 각 10%, 20% 증가했다.

또한 인테리어를 시작하려면 해당 앱부터 설치한다는 말이 있을 정도로 주목받고 있는 '오늘의집' 검색량으로도 인테리어 관련 지형의 변화를 읽어낼 수 있다. 해당 앱 검색량이 가장 높은 지역을 100으로 보고 전년 대비 2020년 지역별 인테리어 관심도를 비교했을 때, 2019년의 경우 검색량 수치상 서울이 단연 1위였다면, 2020년은 그 수치가 전국적으로 고른 양상을 보였으며 특히 경기권 검색량은 월등히 높아져 서울을

지역별 인테리어 앱 '오늘의집' 검색량 상위 3순위(2019년 vs. 2020년 6~8월 기준)

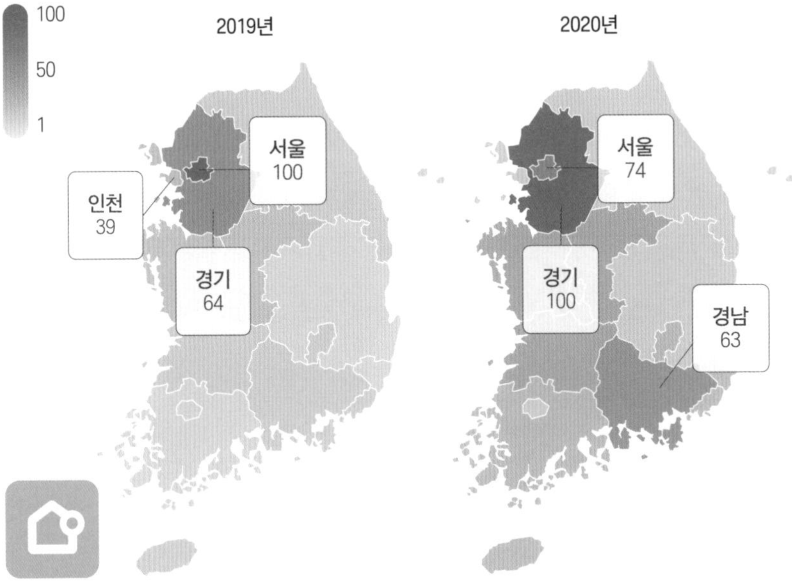

출처: datatrend.kakao.com

연령대별 인테리어 DIY 자재 관련 업종 이용 건수 증가율(전년 대비 2020년 상반기 기준)

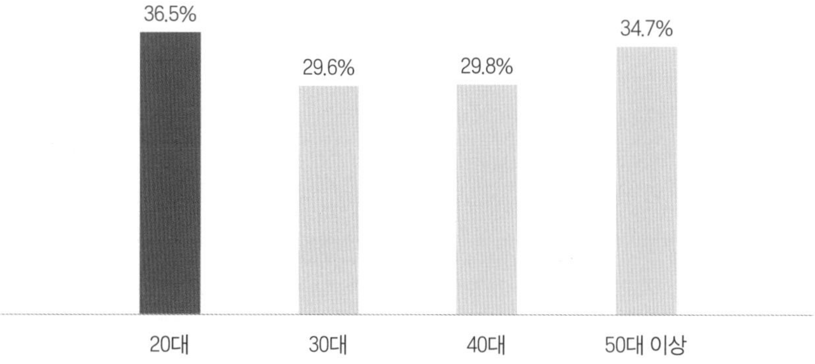

출처: BC카드 빅데이터센터

제치고 1위 자리를 꿰찼다.

인테리어 자재에 해당하는 물품 정보를 살펴보면 간접적으로 실제 인테리어에 관심을 두고 있는 소비자의 유형도 파악이 가능하다. DIY 자재 관련 업종 또는 그 외 인테리어 업종에 몸담고 있거나 이제 시작하고자 하는 이들이 있다면, 주 소비층의 연령대별, 성별 특성이 어떠하고, 관심도가 어떻게 분포되어 있는지 인구통계학적 분석을 통해 시장 성장성을 미리 평가해볼 수 있다. 특히 인테리어에 관심이 큰 1인 가구는 그 집단만의 특징이 있다. 2020년을 기준으로 전년 대비 매출액을 분석해봤을 때 이들 집단은 평균 20~30대의 회사원이 주를 이루며, 인테리어나 DIY 분야에서 지출액이 크다. 특히 20대는 작년 대비 4.7배 이상 소비가 증가했다는 점에서 인테리어 시장의 떠오르는 세력이라고 할 수 있다.

배달이나 OTT 서비스에 익숙한 2030세대가 집에 머무는 시간이 늘어나면서 홈 인테리어 시장도 활황을 맞고 있다. 인테리어 시장 매출은 작년 대비 20% 이상 상승했다.

인테리어 시장의 미래

2019년부터 지속된 저금리 시대와 비대면 플랫폼 활성 시대 기조에 맞춰 자기 공간과 집에 관심이 높은 2040세대의 인테리어 욕구가 2020년에 자신만의 감각을 더하며 날개를 달았다. 이러한 기조는 2021년도 계속 유지될 전망이다. 특히 코로나19의 영향으로 집안에서 생활하는 '엄지족', '집콕족', '육아족' 등이 많아지면서 이들의 니즈가 인테리어에 더욱 쏠려 관련 업종의 매출

인테리어·DIY 자재 관련 업종 매출 성장률
(전년 대비 2020년 기준)

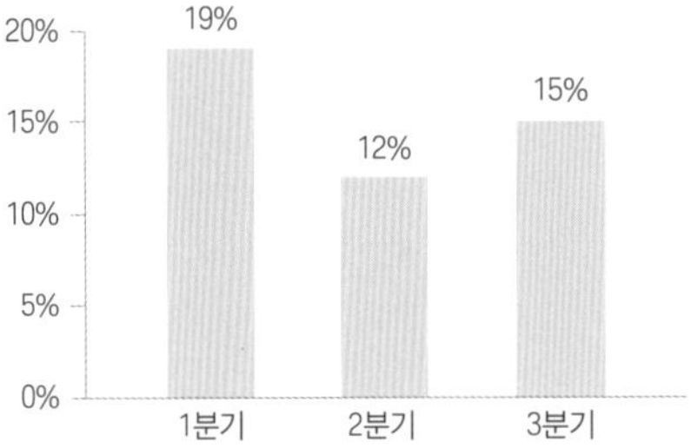

출처: BC카드

이 급증했으며 이러한 추세는 계속해서 이어질 것으로 보인다. 온라인으로 거의 모든 것이 해결 가능한 시대다. 집에서 보내는 시간의 가치가 올라가면서 홈 인테리어에 대한 수요도 동반 상승하고 있다. 관련 업종 종사자들이라면 데이터의 추이를 관심 있게 살펴보고 연령별, 테마별, 지역별 트렌드에 더욱 주의를 기울여야 할 것이다.

이 데이터 누가 사용할까?

인테리어 자재 제조업체, 부동산업체, 설문조사 업체

- 인테리어 자재 제조업체의 소비자 트렌드 확인
- 부동산업체의 집에 대한 인식 조사
- 설문조사 업체의 연령대별, 성별 트렌드 조사

이 데이터 어디서 찾았을까?

- BC카드, 가구 소비 패턴 세그먼테이션 모델
- BC카드, 오프라인 결제 정보
- BC카드, 온라인 구매 품목 데이터

08

추억은 소비를 낳는다

집에서 모든 것을 해결하는 시대

최근 빠른 속도로 '뉴노멀'을 맞이하면서 격동의 시기를 지나는 중에도 우리의 일상은 지속되고, 소비자는 자발적이고 적극적으로 새로운 변화에 적응하며 살아가고 있다. 포스트 코로나 시대에도 소비의 대상이 바뀔 뿐 소비하는 것 자체는 우리의 삶과 직접적으로 연계되어 있다.

뉴노멀 시대에는 언택트untact · 온라인 소비의 중요성이 더욱 강조되면서 모든 소비를 집에서 온라인으로 해결하는 '홈코노미'가 크게 성장하고 있다. 그러나 이와 같은 분위기 속에서도 동일한 산업군 내 업태별로 드러나는 변화에 대한 인식의 온도차가 크다. 폭풍 같은 변화들이 어떤 기업에는 기회가 되고, 다른 기업에는 위기가 되는 것이다.

고객 소비가 어떻게 변화했는지 확인하기 위해 2020년을 기준으로

업태별 고객 소비 패턴의 변화(2018~2020년 1~4월 기준)

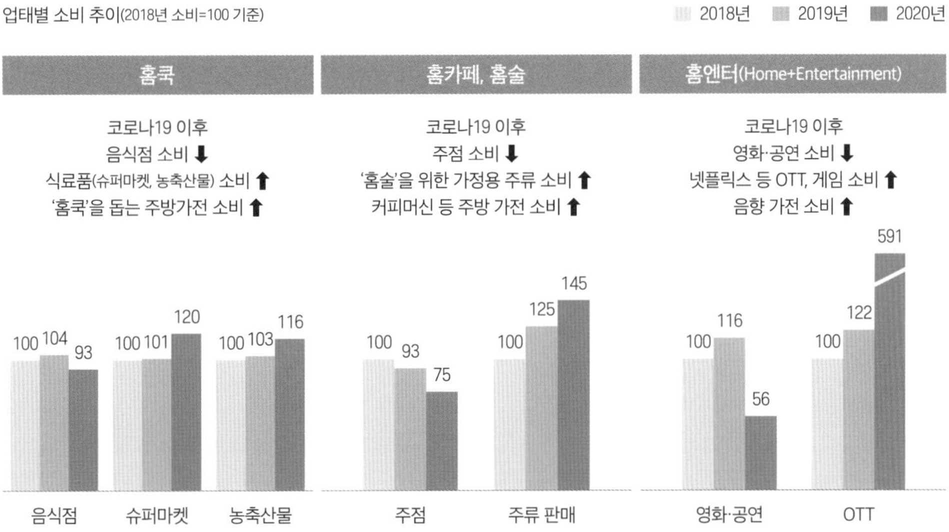

출처: BC카드

2018년, 2019년 대비 1월부터 4월 동일한 기간 BC카드 결제 업종 데이터를 분석했다. 그 결과, 전에 비해 슈퍼마켓이나 농축산물 소비와 주류 판매 늘었으며 영화·공연을 관람하거나 음식점이나 주점과 같이 직접 방문하는 형태의 소비는 현저히 줄었음을 알 수 있다. 단연 눈에 띄는 것은 전년 대비 약 4.5배 이상을 뛰어넘는 OTT 업태 매출의 상승이다.

'홈코노미'가 새로운 트렌드로 자리매김하면서 집에서 재미를 찾은 사람들은 외출을 점차 더 꺼리는 모습을 보인다. 결과적으로 코로나19가 발생하기 직전까지 호황을 누려온 여행업계 전반이 큰 위기에 봉착했다. 대형 여행사들조차 이러한 위기를 극복하지 못하고 무급 휴직이나 희망퇴직을 직원에게 권하는 등 힘든 시기를 겪고 있다.

여행업계, 이대로 무너질 수 없다

지금과 같은 시기에 여행업계가 다시 살아날 방법은 없을까? 풀리지 않을 것 같은 현재 상황을 개선할 실마리를 찾기 위해 그동안 여행을 좋아하고 경험해온 많은 소비자가 '집콕' 소비생활을 어떻게 하고 있는지 그 변화를 확인해볼 필요가 있다. 먼저 2019년 7월부터 8월까지 오프라인 해외 가맹점에서 5만 원 이상 카드를 사용한 BC카드 고객 35만 명을 대상으로, 전년 대비 2020년 국내 이용액의 증감률을 분석해봤다.

해외여행 경험이 있는 고객의 업종별 이용액 상위 10개 증감률

업종	해외여행 경험 있음 (A)	해외여행 경험 없음 (B)	증감률 (A-B)	카테고리
가구	20%	14%	+6%p	인테리어
레저·스포츠	13%	-8%	+21%p	여행
건축·자재	12%	7%	+5%p	인테리어
가전제품	11%	37%	-26%p	쇼핑
용역 서비스	11%	9%	+2%p	인테리어
유통업 비영리	9%	13%	-4%p	생활
농산품	6%	21%	-14%p	생활
음식료품	6%	22%	-16%p	생활
신변 잡화	5%	-1%	+6%p	쇼핑
숙박	0%	-21%	+22%p	여행

출처: BC카드

'홈코노미' 시장의 발달로 사람들은 해외여행 대신 국내 여행을 가고, '집콕' 생활을 더욱 편안하게 즐길 수 있는 환경을 만드는 데 집중한다.

해외여행에 지출하던 비용을 집콕 생활에 적응하기 위한 소비로 전환하면서 식품 소비가 크게 증가했고, 가전제품이나 가방, 구두와 같은 잡화도 적극적으로 구매하는 모습을 보였다. 이와 같은 흐름이라면 해외여행 경험이 없는 고객은 소비 습관의 변화가 다르게 나타날 것으로 예상되지만, 그들 또한 마찬가지로 식품과 가전제품, 잡화를 소비하는 데 결제한 금액이 증가했다. 이는 '홈코노미' 시장의 폭발적 성장을 가시적으로 드러내는 지표라고 할 수 있다.

한편, 해외여행 경험이 있는 소비자는 경험이 없는 소비자와 비교하여 가구, 건축자재, 창고 보관·이사·인테리어 공사와 같은 용역 서비스에 더 많이 지출하고, 집이 아닌 다른 곳에서 숙박하거나 골프나 종합레저타운과 같이 야외 레저 활동과 관련된 국내 여행에도 지출이 크게 늘었다. 해외여행을 좋아하는 소비자는 포스트 코로나 시대에도 여전히 활동적이고, '집콕' 생활의 주거 형태라고 할 수 있는 안락하고 편안한 숙박 환경을 집으로 옮겨오는 데 많은 관심을 기울이며 더욱 적극적으로 대처하는 모습이다. 해외여행으로 좋은 추억을 얻었던 소비자가 뉴노멀 시대에 그것을 그대로 경험하고자 하는 욕구를 데이터를 통해 확인해볼 수 있다.

이러한 소비자의 욕구를 미리 파악한 한 항공사는 여행사와 손을 잡고 '하늘 위의 호텔'로 불리는 초대형 항공기 A380 기종을 투입하여 국내 상공을 약 2시간 비행하고 다시 출발지로 돌아오는 관광 비행 상품을 출시했다. 해당 상품은 판매 20분 만에 완판되며 큰 인기를 끌었다.

한 국내 가구 회사는 편리하고 편안한 생활이 가능하도록 가구와 그 배치를 '마치 항공기 퍼스트클래스를 탄 것 같은' 느낌을 주도록 구성하고 새로운 라이프스타일을 제시함으로써 여행에 목마른 소비자를 자극하고 있다. 해당 가구는 자신에게 편한 자세로 각도 조절이 용이한 라운지 베드에 미니바, 멀티 사이드 장, 파티션 등 다양한 모듈 구성이 가능하고 미니 데스크, 무선 충전, LED 조명, 수납 기능까지 갖춰 취미와 휴식, 재택근무 등 고객 스타일에 맞춘 아늑한 공간에서 혼자만의 온전한 쉼을 누릴 수 있도록 돕는다고 한다.[3]

여행사의 핵심 고객이라고 할 수 있는 해외여행 경험자의 여행 경험 데이터를 활용하여 여행의 추억을 그리워하는 많은 소비자를 위한 상품과 서비스를 선보인다면, 위기의 시대에 새로운 성장 기회를 만들어낼 수 있을 것이다.

이 데이터 누가 사용할까?

여행사, 항공사, 가구 제조업체, 인테리어 서비스 업체

- 여행사, 항공사의 해외여행 경험이 있는 고객에게 새로운 여행 경험을 제공
- 가구 제조사, 인테리어 서비스 회사의 인테리어 소비에 적극적인 해외여행 경험 고객의 소비 정보 활용

이 데이터 어디서 찾았을까?

- BC카드, 국내외 결제 업종 데이터
- BC카드, 여행·항공사 서비스 가입 고객 데이터

09

늘어가는 1인 가구의 소비가 집중되는 곳은?

20대 자취생 ○○ 씨는 칼퇴근을 하며 어서 집으로 가 넷플릭스와 유튜브를 즐길 생각에 들뜬 마음으로 발걸음을 옮긴다. 침대에 누워서 영상을 시청할 생각에 절로 신이 난다. 하지만 매일 퇴근길 숙명과 같은 고민거리가 하나 있다. 집에서 배달 음식을 먹을지, 간단히 외식 후 귀가할지에 대한 고민이다. 주문을 하면 집에 쓰레기가 생기고, 밖에서 먹으면 편하게 먹을 수 없기 때문이다. 우선 집부터 들어가고 싶다는 생각이 가장 강하다는 것을 인지하고 여러 배달 앱의 쿠폰을 확인한다. 그리고 집을 향해 바삐 걸으며 주문까지 완벽하게 끝마친다. 걷다가 문득 음료는 편의점에서 사는 편이 저렴할 것 같다고 생각한다. 오늘은 편의점에서 '플렉스'하기로 마음먹는다. 편의점에 들어서기가 무섭게 4캔에 만 원인 500ml 맥주에 시선을 빼앗기고 말았다. 그 자리에서 만 원의 행복을 몸소 실천한다. 양손 가득 맥주와 군것질거리를 채우고 행복하게 집에 들어선다. 곧이어 배달 앱이 안내한 도착시간에 맞춰 배달된 음식을 맞이하며 동영상 플랫폼과 함께 소소하게 행복한 저녁을 보낸다.

1인 가구는 이렇게 살고, 쓴다!

우리나라 가구 구성이 변화하는 과정에서 특히 1인 가구의 성장세가 가파르다. 2020년, 국내 1인 가구 수는 600만 가구를 돌파했으며 2000년 대비 165% 이상 증가했다. 해당 가구 구성에 가장 많은 비중을 차지하는 밀레니얼 세대와 Z세대가 본격적으로 직장 생활을 하면서 OTT 서비스에 익숙한 그들이 경제 주축으로 자리 잡았다. 그렇다면 1인 가구를 구성하는 이들은 연령대가 어떻게 분포되어 있으며 주로 어떤 소비를 할까? BC카드 소비 데이터와 외부 데이터를 기반으로 분석해봤다.

BC카드 온라인 매출을 기반으로 2020년 1월부터 6월까지의 데이터를 분석한 결과, 1인 가구 소비 패턴은 전년도 대비 1·2분기 모두 20% 이상 상승했으며 배달 음식, 상품권·기프트카드 구매, 기타 자기 계발 항목이 상위권을 차지했다. 해당 항목들이 1인 가구 기준 온라인 매출 비중의 약 65% 이상을 차지한다는 점에서 비대면 서비스는 많은 이들이 체감하고 있는 것처럼 대세임을 알 수 있다.

1인 가구는 건강·의료용품, PC·노트북·태블릿, 건강식품에도 큰

가구별 구성원 수 비율 변화

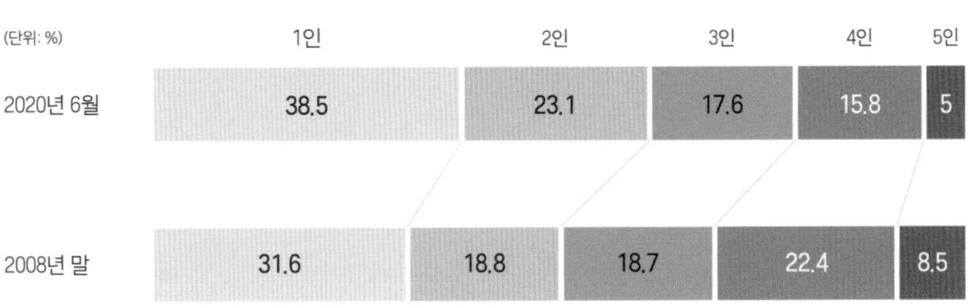

출처: 행정안전부

20·30대 온라인 매출 상위 5순위(2020년 1,2분기 집계 기준)

업종 순위	1분기		2분기	
	20대	30대	20대	30대
1	배달 음식	배달 음식	배달 음식	배달 음식
2	상품권·기프트카드	상품권·기프트카드	상품권·기프트카드	상품권·기프트카드
3	기타 자기 계발	항공	기타 자기 계발	숙박
4	게임	기타 자기 계발	게임	게임
5	숙박	건강 의료용품 서비스	숙박	기타 자기 계발

출처: BC카드

관심을 보였는데 이는 코로나19로 인한 재택근무 확산의 영향이 큰 것으로 보인다. 비대면 서비스 업종이 성장하게 된 배경으로도 볼 수 있다. 경제력이 다소 낮지만 소비력이 강하고, 디지털 소비가 매우 활발한 20~30대 소비층은 온라인에서도 주 소비층에 해당한다.

데이터를 통해서 본 1인 가구의 소비 패턴

2020년에 들어서며 전년 대비 주로 집에서 온라인 생활을 하는 1인 가구가 눈에 띄게 늘었고, 연령이나 성별과 관계없이 배달 음식을 시켜 끼니를 챙기는 이들이 많아졌다. 특히 20대 초반~30대 초반 연령대가 18~20시 사이에 이러한 패턴을 가장 뚜렷하게 드러냈다.

개인 소비 중 온라인 소비 비중 변화 추이

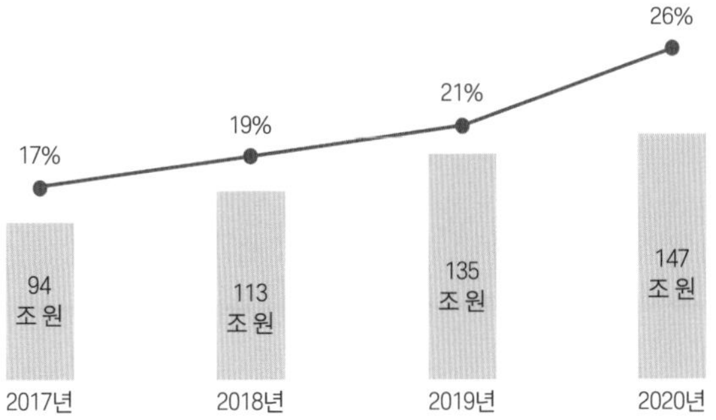

출처: BC카드 빅데이터센터

온라인 시장 성장 상황(전년 대비 2019년 11~12월 기준)

스마트 오더

스타벅스 사이렌오더
2019년 262% 성장

배달 앱

배달의민족, 요기요
주문 금액 240% 성장

새벽 배송

마켓컬리 이용 금액
247% 성장

OTT 서비스

넷플릭스 결제금액
47% 성장

출처: BC카드 빅데이터센터

온라인 플랫폼을 익숙하게 휘젓고 가성비·가심비(가격 대비 만족도)를 추구해온 Z세대가 사회생활에 진입하면서 감각적인 트렌드를 이끌고 있다. 밀레니얼 세대 역시 유튜브, 인스타 등을 통해 동일한 가치를 추구하는 경향이 크게 나타나면서 앞으로 주변 연령대까지 이와 같은 문화가 빠르게 확산될 확률이 높다. 1인 가구가 점차 늘어남에 따라 배달 업종의 호황은 계속 이어질 것이고, 그만큼 해당 업종에 종사하는 이들은 더욱 빠르게 언택트 사회의 특징을 파악하여 대응할 필요가 있다.

이 데이터 누가 사용할까?

통계청, 유통·식품업체, 배달업체

- 통계청의 우리나라 경제와 사회, 트렌드 분석
- 유통·식품업체의 1인가구 맞춤 비즈니스 전략 추구
- 배달업체의 가구 맞춤형 쿠폰 배포 전략 추구

이 데이터 어디서 찾았을까?

- BC카드, 가구 소비 패턴 세그먼테이션 모델
- BC카드, 온·오프라인 결제 데이터

10

1,500만 반려동물 시대, 데이터로 선택하는 동물병원

동물병원 진료비, 부르는 게 값?

반려동물 양육 가구가 약 1,500만 명을 넘어섰다. 이에 반려동물에 대한 다양한 서비스 수요가 꾸준하게 상승세를 보이지만 미흡한 정책과 제도에 대한 불만의 목소리도 끊이지 않는다. 가장 큰 애로사항은 병원비 부담이라고 한다. 반려동물 진료비용이 비싸기도 하지만 값이 천차만별인 것이 더 큰 문제라는 지적이 나오고 있다. 같은 약을 처방받고 똑같은 수술을 해도 병원마다 받는 비용이 다르고 심지어는 수십 배 이상 차이가 나기도 한다.

최근 반려동물 커뮤니티를 뜨겁게 달군 한 게시물이 사람들을 놀라게 했다. 그 게시물의 제목은 "고양이 스케일링(치석 제거) 받았는데 100만 원 나왔어요"였다. 동물병원의 경우 공통된 가격표가 정해져 있지 않

반려동물이 급히 진료를 받아야 할 때 간단한 조회로 진료비부터 병원의 종합적인 정보를 알 수 있는 서비스가 있다면 1,500만 반려동물 가구의 걱정을 덜 수 있을 것이다.

아 부르는 게 값이라는 말이 나올 정도라고 한다.

가족의 일원으로 반려동물을 키우는 소비자들에게는 매우 고민스러운 일일 것이다. 동네 병원의 진료비를 비교할 방법이 없어 소비자가 병원을 선택할 때 참고할 정보가 매우 부족하다. 미리 병원비를 안내하지 않고 진료를 보는 일 또한 많기 때문에 막상 병원비를 결제하는 시점에 놀라는 경우도 빈번하게 발생한다. 이런 일이 생기지 않도록 도움을 줄 객관적이고 활용 가치가 높은 데이터를 찾는 것이 시급하다.

우리 동네 동물병원 진료비는 얼마일까?

카드회사의 동물병원 결제 내역을 활용하면 이와 같은 문제점을 해결할 실마리를 찾을 수 있다. BC카드의 결제 데이터로 서울시 행정동별 평균 병원비를 측정하여 하나의 지도를 만들었다. 짙은 빨간색일수록 의료비가 비싼 동네이고, 짙은 파란색에 가까울수록 의료비가 비교적 저렴한 동네임을 나타낸다. 지도상 평균 금액이 가장 저렴한 동네는 송파구 풍납1동, 구로구 고척2동, 은평구 갈현1동, 영등포구 영등포동, 마포구 신수동으로 나타났다. 반면에 중구 을지로동, 서초구 내곡동, 관악구 대학동은 건당 평균 금액이 비교적 높았다.

물론 금액이 모든 것을 말해줄 수는 없으나 동네별 평균 동물병원 결제금액을 참고하여 그동안 소비했던 병원비와 비교해보면 자신의 병원비 결제가 합리적이었는지 파악해보기 좋다. 동물병원을 운영하며 그

서울시 동물병원 평균 결제금액 지도

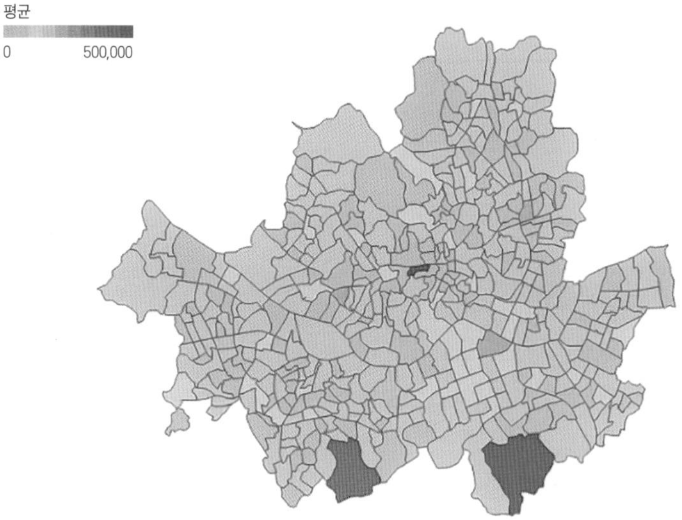

출처: BC카드

간 전체를 아우르는 정보를 미처 알기 어려웠던 이들도 병원 소재지의 진료 평균 가격을 확인할 수 있다.

동물병원 가격 비교가 가능하다면?

동네 단위로도 동물병원의 구체적인 가격을 비교할 수 있다면 소비자들은 높은 진료비에 대한 걱정을 덜 수 있을 것이다. 이와 같은 기능을 갖춘 비교 견적 서비스가 이미 존재한다.

동물병원 진료비 비교 견적 앱, 펫프라이스는 사용자들이 반려동물의 성별, 몸무게, 병력 등의 정보를 포함하여 진료비에 대해 견적을 요청했을 때 동물병원 수의사가 소견, 수술과 진료의 절차, 그리고 진료비에 대한 견적을 내준다.

해당 서비스에 각 병원의 진료 비용을 비교해서 보여주는 기능을 결합하면 어떨까? 반려동물이 갑작스럽게 진료를 받아야 하는 상황에서 간단한 조회를 통해 병원의 정보를 종합적으로 볼 수 있다면 반려동물을 양육하는 이들에게 큰 도움이 될 것이다.

이 데이터 누가 사용할까?

반려동물 양육 가구, 앱 개발자

- 반려동물 양육 가구의 병원 선택에 도움

이 데이터 어디서 찾았을까?

- BC카드, 동물병원 결제 내역

11

소비 데이터에서 찾은 나의 이상형

유전자 속 이상형

미국 캘리포니아 대학교 벤 도밍크 박사 연구팀이 미국 커플 800쌍을 무작위로 선정해 DNA를 비교 분석한 결과 자신과 유사한 DNA를 가진 사람을 배우자로 선택할 확률이 높다는 결과를 발표했다. 연구팀은 부부는 그들 외의 낯선 사람들보다 종교, 특징, 나이뿐만 아니라 DNA까지 공통된 부분이 많다는 사실을 밝혔다.

도밍크 박사는 "사람들은 자신과 가까이 살거나 유사한 사람과 결혼하는 것을 원한다. 하지만 어떤 사람과 맞는지에 대해서는 잘 알지 못하기 때문에 자신도 모르게 유사한 유전자를 가진 파트너를 고르고, 유사한 유전자를 가진 사람들일수록 공통된 취미나 교육적 관심사 등을 통해 자연스럽게 만날 가능성이 높다"고 설명했다.

내 님은 어디에 있을까?

나와 유사한 사람을 찾기 위해 동호회 활동을 하며 이상형을 만나는 즐거운 상상에 빠져본 적이 있는가? 어떤 장소와 상황을 떠올렸든지 그곳에서 이상형을 찾기란 쉽지 않다. 동호회의 가입자가 너무 적어 이상형을 찾는 모수가 줄어드는 것은 아닐까? 내 님은 어디에 있을까? 이런 고민에 빠진 솔로들을 위해 이상형을 찾는 데 도움을 줄 데이터가 있다.

BC카드 빅데이터센터팀에서 300만 가구의 온·오프라인 결제 패턴을 분석해 '가구 소비 성향 세그먼테이션' 모델을 구축했다. 이 모델은 나와 비슷한 취미를 가진 이상형을 찾는 데도 활용할 수 있다. 소비 패턴은 여행과 취미를 즐기는 '욜로YOLO, You Only Live Once'형, 자동차 보유율이 높고 호화로운 음주 생활을 추구하는 '음주 추구'형을 비롯해 온라인에 소비가 집중되어 있는 '온라인 온리Only'형, 그 외 '교육 추구', '영유아 보육', '생활 지킴', '건강 챙김', '동네 생활권', '외식 추구', 총 9가지 세그먼테이션으로 분류된다. 이는 연령, 가족 구성원 수, 소득 범위와 같은

소비 성향에 따른 1인 가구 2030세대 분포(2020년 기준)

소비 성향	남	여	계
온라인 온리	5만 7,048명	6만 1,610명	11만 8,658명
욜로	1만 7,685명	1만 369명	2만 8,054명
외식 추구	4만 4,440명	3만 1,818명	7만 6,258명
음주 추구	8만 8,234명	2만 4,783명	11만 3,017명
계	**20만 7,407명**	**12만 8,580명**	**33만 5,987명**

출처: BC카드

YOLO·음주 추구 유형의 특성

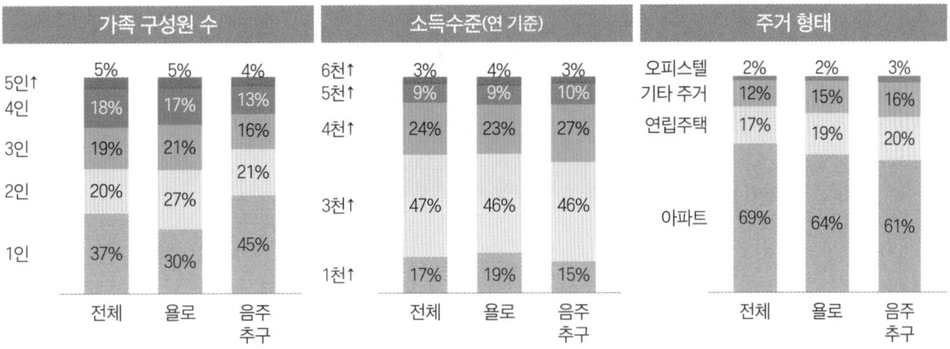

출처: BC카드

가구 특성 프로파일링으로 이뤄졌다. 그중 1인 가구인 20~30대의 분포는 온라인 온리, 욜로, 외식 추구, 음주 추구 유형에 집중되어 있다.

만약 경제적으로는 여유가 있으나 여행 갈 시간조차 없이 바쁜 나날을 보내며 회사, 집 주변에서 음주를 즐기는 습관이 있다면 나와 유사한 음주 추구 유형의 이성에 관심을 가질 수 있을 것이다. 경제적으로 여유 있는 삶은 아니지만 외식을 좋아해 다양한 곳에서 맛집 탐방을 좋아하는 사람이라면 외식 추구 유형에, 여행이나 취미 생활을 통해 인생을 즐기고 싶고 또 그와 유사한 짝을 찾고 싶다면 욜로 유형에 관심을 가져보는 것도 나와 잘 맞는 사람을 찾는 하나의 방법일 수 있다.

제법 잘 어울리는 우리

최근 코로나19로 인해 외부 활동에 제약이 많은 2030 청년을 중심으로

데이터를 바탕으로 세세한 부분까지 자신과 닮은 사람을 찾는 것이 가능하다.

이성 소개 앱 이용자가 폭증하고 있다. 특히 프로필 사진을 올릴 수 없게 해놓는 등 특이한 컨셉의 데이팅 앱이 인기다. 그렇다면 카드 소비 성향을 기반으로도 색다른 데이팅 앱을 만들 수 있지 않을까?

이상형 소개 앱에 고객이 기입하는 가족관계, 성격, 종교 등의 데이터와 카드 소비 성향을 분석해서 정리한 객관적인 정보를 동시에 활용한다면 매칭 성사율이 높은 데이팅 앱이 탄생할 것이다. 앞서 언급한 벤 도밍크 박사 연구팀의 연구 결과대로 해당 서비스는 특정 개인과 유사한 이상형을 추천하는 것은 물론 커플로 맺어주는 데 성공할 확률이 높을 것으로 예측할 수 있다. 물론 사랑이 데이터처럼 정해진 법칙이나 규칙에 따라 이뤄지지는 않는다. 다만 데이터가 나와 가까운 소비 유전자를 지닌 인연을 만나도록 돕는 객관적인 조력자가 되어줄 수 있다는 얘기다.

이 데이터 누가 사용할까?

결혼정보회사, 앱 개발자

- 결혼정보회사와 이성 소개 앱 개발자의 유사 소비 패턴을 가진 이성 추천

이 데이터 어디서 찾았을까?

- BC카드, 가구 소비 패턴 세그먼테이션 모델
- BC카드, 오프라인 결제 정보
- BC카드, 온라인 구매 품목 데이터

12

빅데이터, 전염병을 예측하다

SNS 검색 키워드로 독감 발생을 예측할 수 있을까?

2019년 12월, 중국에서 코로나19가 처음 발생한 후 2020년 11월까지 221개 국가에서 6,500만 명이 바이러스에 감염됐고, 이 중 150만 명은 목숨을 잃었다. 2020년, 전 세계는 전례 없던 바이러스 공포에 빠졌다. 2003년 사스, 2015년 메르스, 그리고 2020년 코로나19까지 예고 없이 더 강력하게 찾아오는 전염병의 공포를 빅데이터로 줄일 수 있을까?

빅데이터를 활용하여 감염병 유행 수준과 이동 경로를 예측하려는 첫 시도는 2008년 구글의 '구글 플루 트렌드Google Flu Trend'를 통해 이뤄졌다. 구글은 감기 증상을 겪는 사람들이 병원을 찾기 전 자신의 증상에 대해 검색할 것이라는 논리에 따라 자사 포털에서 '독감'과 연관된 키워드를 검색한 사람들의 데이터를 집계했다. 그리고 해당 키워드를 검색하는 사람이 많은 지역에서 독감이 발생할 가능성이 높다고 예측했다. 하지만 실제 독감 증상이 나타난 사람뿐만 아니라, 독감 인플루엔자 확산에 대한 호기심이나 불안으로 검색해보는 사람들의 데이터 또한 다수 포함되어 정확하게 인플루엔자 경로를 예측하는 데 실패했고, 빅데이터로 감염병 이동 경로를 예측하고자 한 첫 번째 서비스는 조용히 중단됐다.[4]

빅데이터, 코로나19 확산을 예측하다

기초과학연구원IBS이 지난 3월 발표한 〈코로나19 과학 리포트〉에 의하면 감염병 경로를 예측하고자 했던 첫 시도로부터 10여 년이 지난 2019년 12월, 한 인공지능AI 스타트업은 국제 항공사 발권 데이터를 분석하여 코로나19가 중국 우한에서 서울, 도쿄와 같은 인접 국가로 확산될 것을 예측했다. 놀라운 것은 그 스타트업은 바이러스의 근원지인 중국의 지구 반대편에 있는 캐나다의 작은 기업 블루닷Blue Dot이었으며, 막대한 감염병 관련 정보를 가진 세계보건기구WHO보다 먼저 예측을 내놓았다는 점이다. 그들이 코로나19의 전 세계적 확산을 누구보다 빠르게 예측한 배경에는 빅데이터가 있었다.

이들은 2003년 사스를 겪으며 전염병 확산 경로에 대한 연구를 시작했고, 인공지능을 이용해 65개국의 뉴스, 기후 변화, 모기 등 해충 현황 데이터를 분석하여 감염병 예측 솔루션을 개발해왔다. 호흡기로 감염되는 코로나19와 같은 바이러스의 경우, 항공을 통한 인구와 물류의 이동으로 국가 간 확산될 것으로 예상하고, 국제 항공사 발권 데이터를 코로나19 확산 경로 예측에 활용한 것이다.

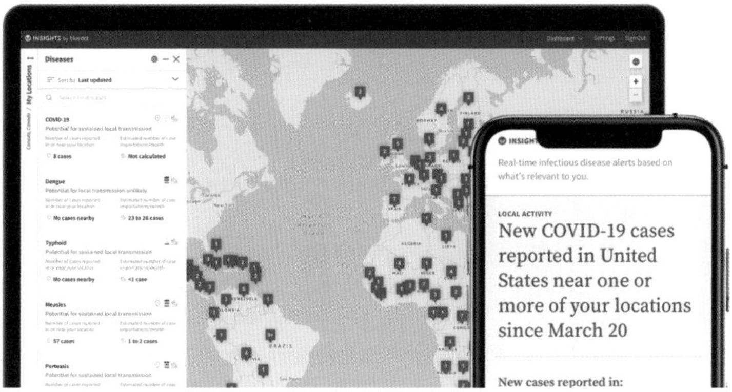

출처: 블루닷

캐나다의 인공지능 스타트업 블루닷은 빅데이터를 바탕으로 2019년 12월에 코로나19 확산을 예측했다.

국내에서도 코로나19 관련 키워드 검색 빈도, 일일 항공편 수, 해외에서 한국으로의 로밍 고객 입국자 수 데이터를 활용하여 해외 유입 코로나19 확진자 수를 예측하는 기술을 개발하는 등 감염병 확산 예측을 위해 다양한 빅데이터를 활용한 연구가 계속되고 있다.

코로나19 확산을 예측한 블루닷과 유사한 방식으로 우리 또한 국가 간 이동에 집중해서 내국인의 해외 카드 이용 데이터와 방한 외국인의 국내 카드 이용 데이터를 활용해볼 수 있다. 지역별로 한국에 방문한 중국인이 카드 결제를 많이 했거나 2주 내 해외에서 카드 결제 데이터가 있는, 즉 2주 내 해외 방문 경험이 있는 내국인이 많은 지역을 분석하면 해외 유입자로 인한 코로나19 확산 가능성을 예측할 수 있다.

2020년 2월 국내 지역 감염이 본격적으로 시작되기 전, 내국인과 방한 외국인의 해외 카드 사용 데이터를 활용하여 예측했던 해외 유입자로 인한 지역별 코로나19 발생 가능성 수치는 약 한 달 후 실제 지역별 확진

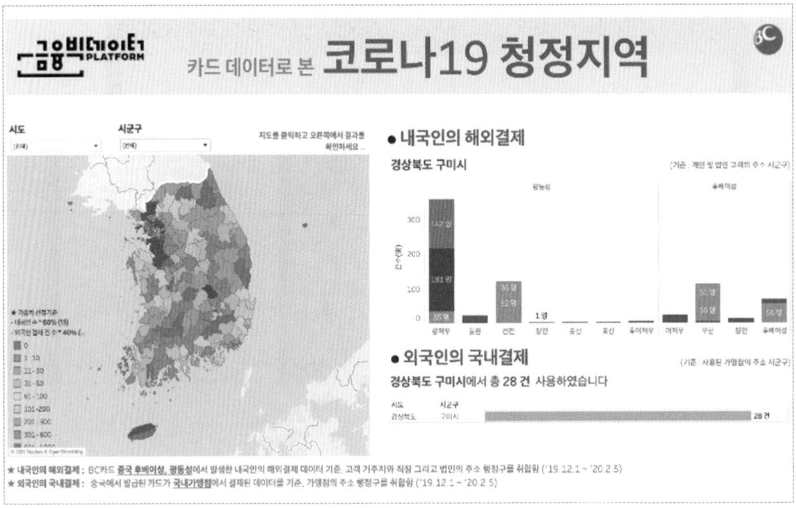

출처: 금융 빅데이터 플랫폼

금융 빅데이터 플랫폼이 카드 데이터를 활용하여 지난 2월 예측했던 해외 유입자로 인한 지역별 코로나19 발생 여부는 약 한 달 후 지역별 확진자 수 분포와 일치하는 것으로 나타났다.

자 수 분포 결과와 일치했다.

코로나19 방역 과정에서 공공보건 목적을 위해 이동통신사들이 수집하는 가입자 위치 확인 데이터를 활용해 확진자와 동선이 겹치는 이들을 특정하는 일이 벌어지면서 개인정보 침해라는 비난의 목소리가 나왔다. 개인 데이터는 개인정보보호법 등 관련 법률하에 철저하게 관리되지만, 전염병 사태가 발생한 경우 개인정보보호법 제58조 예외 조항에 해당하는 '공중위생 등 공공의 안전과 안녕을 위해 긴급히 필요한 경우로서 일시적으로 처리되는 개인정보' 공개를 허용하고 있다. 이는 매우 예민한 사안인 만큼 신중히 접근해야 한다.

국내에 코로나19가 확산되던 초기에 한 대학생이 코로나19 확진자의 동선을 파악할 수 있는 '코로나바이러스 현황 지도'를 개발해 화제가 됐다. 특정 서비스를 제공하는 서비스 업체가 자신들의 서비스에 접근할 수 있도록 그 방법을 외부에 공개하는 오픈 맵 API Application Programming Interface를 활용해 시의적절한 공공 서비스를 선보인 대학생, 그리고 호흡기로 확산하는 감염병의 경로를 예측하기 위해 국제 항공 데이터를 분석한 스타트업과 같이 데이터 활용 아이디어를 다양하게 모으면, 개인정보 활용에 대한 논란을 줄이고 빅데이터를 통해 감염병으로부터 전 세계를 구하는 데 일조할 수 있을 것이다.

이 데이터 누가 사용할까?

공공기관, 연구기관

- 공공기관, 연구기관의 감염병 경로 예측을 통한 감염병 확산 방지 대책 수립

이 데이터 어디서 찾았을까?

- 블루닷 코로나19 경로 예측 솔루션(https://bluedot.global/)
- 금융 빅데이터 플랫폼(www.bigdata-finance.kr), '코로나19 청정지역 분석 보고'
- BC카드, 온라인 구매 품목 데이터

BIG DATA

PART 2

금융

13

소비가 움직이면 주가가 오른다

소비 트렌드, 상상 이상의 변화 속도

매년 새로운 소비 트렌드를 설명하는 서적들이 출판될 만큼 소비 패턴이 급변하고 있다. 《빅데이터, 사람을 읽다》에서도 슬리퍼로 이동이 가능한 거리에서 주로 소비하는 '슬세권', 취미 생활을 즐기는 '욜로족', 미세먼지와 관련된 소비 트렌드 등을 분석했었다.

그런데 1년이 채 지나지 않은 현재, 예측하지 못했던 코로나19 사태가 발생하면서 재택근무가 생활화되고 '홈트족', '집콕족' 등 집안에서 모든 것을 해결하는 이들을 칭하는 새로운 이름들이 우후죽순 생겨나고 있다. 통계청에서는 2020년 3월 기준 온라인 소비가 전체 소비 147조 원의 26%를 차지할 만큼 높아지고 있다고 발표한 바 있다.

과거에는 직접 보지 않고 구매할 생각을 하기 어려웠던 신선식품,

생화 같은 상품조차도 최근에는 온라인에서 손쉽게 사고판다. 이렇듯 사회가 빠르게 변화하면서 소비 트렌드의 전환 또한 빨라졌다. 이는 기업 경제에 고스란히 반영되어 주가에 영향을 미친다.

주가 시장을 뒤흔드는 소비 트렌드

지난 4월 코로나19 사태로 코스피와 코스닥이 급락했다. 이후 제2차 코로나 대유행 상황에 투자 심리가 위축되면서 또 한차례 코스피, 코스닥은 맥을 못 추고 하락하는 모습을 보였다.

투자가 심각하게 위축된 상황에 사람들의 소비 양상이 변화하면서 비대면주와 코로나 진단키트주, 마스크주, 온라인 교육주, 온라인 플랫폼주는 상승세를 보인 반면 여행이나 항공, 레저와 관련한 주는 급락 중5이다. 이와 같은 현상을 바탕으로 소비 트렌드를 가장 폭넓게 이해할 수 있는 카드사 데이터를 주식 투자에 활용할 수 있다.

실제로 최근 급락한 오락·문화 업종의 주가 변동 추이와 BC카드 문화 관련 소비 변화를 나란히 보면 두 추세선이 유사하게 움직이는 것을 알 수 있다. 매출이 하락할수록 변동률도 급격하게 흔들렸다.

이외에도 대표적인 마스크 관련주 웰크론, 케이엠의 주가와 BC카드 온라인 마스크 매출의 패턴을 비교 분석해봤다. 한국에서 첫 확진자가 발생한 2020년 1월 19일 이후 2020년 1월 28일까지 확진자가 4명으로 소폭 증가하였음에도 위험을 감지한 사람들은 28일 이후 많은 양의 마스크를 구매하기 시작했고 이와 비슷한 시기에 마스크 주가가 급격히 증가했다.

문화 관련 소비와 오락·문화 업종 주가 변화

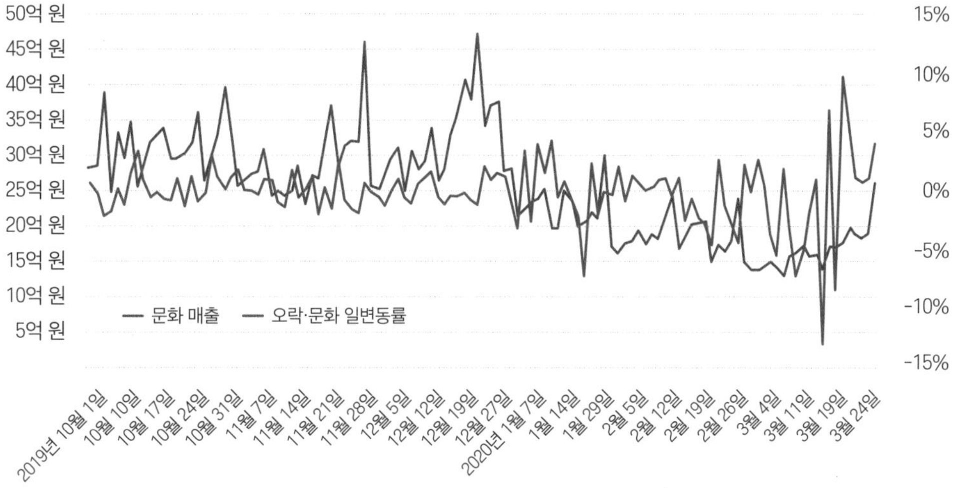

출처: BC카드

온라인 마스크 판매량과 마스크 관련주 주가 변화

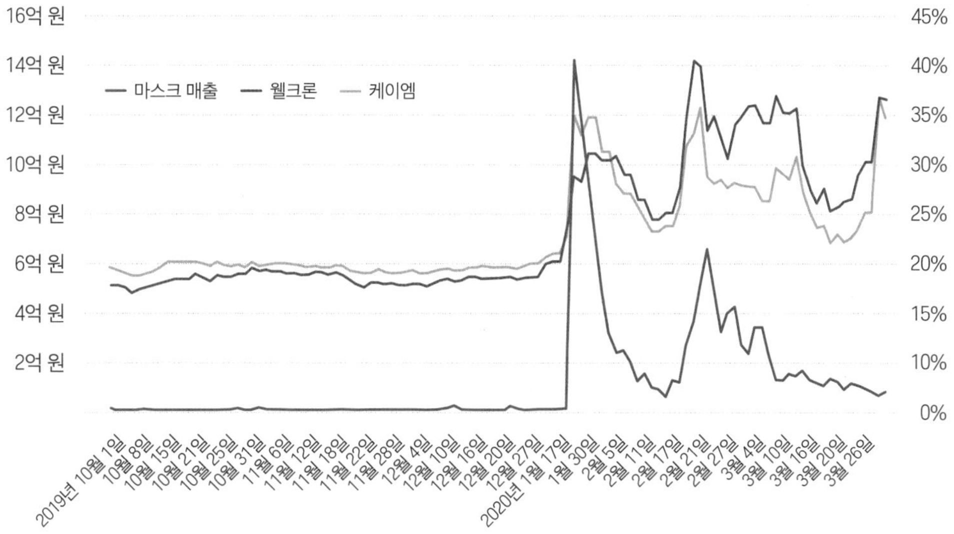

출처: BC카드

주식을 처음 시작하는 사람들이 가장 어려워하는 점은 어떤 종목에 투자할지 선택하는 것이다. 카드 소비 데이터는 기업의 매출과 직결되기 때문에 주식 투자에 참고할 만한 충분한 지표가 될 수 있다. 투자해보고 싶지만 과정이 복잡해서 섹터나 종목을 선택하는 것이 망설여지는 초보 투자자들은 이것을 기억해보자. 소비가 움직이는 곳에 주식을 시작하는 길이 숨어 있다.

이 데이터 누가 사용할까?

증권사, 개인투자자

- 개인투자자의 세부 업종별 매출을 활용한 주식 투자 섹터 선택
- 개인투자자의 주식 투자 보조 지표

이 데이터 어디서 찾았을까?

- BC카드, 오락·문화 업종 매출 내역
- BC카드, 온라인 마스크 구매 내역
- SBCN, 업종일간기술지표 (오락·문화) 일변동률
- SBCN, 시장일간기본지표 (마스크 관련주) 주가수익 비율

14

실속파 체리피커들의 소비에서 얻는 금융 팁

플랫폼 체리피커를 아는가?

한 때, 매스컴을 통해 '체리피커 소비자'라는 말이 화제가 됐다. 이는 상품이나 서비스의 여러 기능 중에서 자신에게 필요한 기능이나 혜택만 누리고 매출에는 별로 기여하지 않는 '알뜰하면서도 영리한 소비자'를 일컫는 말이다.

카드 업계에서는 경계할 대상일 수도 있으나 BC카드 사용자 기준으로 경제활동인구가 평균 4장의 신용카드를 지닌다는 점에서 카드를 효율적으로 활용하는 것은 현대인의 필수 덕목이라고도 볼 수 있다. 자신의 생활 패턴을 파악하여 잘 활용하면 월 10만 원 정도를 되돌려 받을 수 있을뿐더러 연회비가 면제되는 혜택으로 신용카드를 바꿀 경우 연 10만 원 이상의 혜택을 더 누릴 수도 있다. 체리피커 고객은 카드를 사용하는 것뿐만 아니라 각 카드사의 결제 플랫폼을 넘나들며 플랫폼 체리피커로 진화하고 있다. 이러한 추세는 디지털에 익숙한 20~30대 사이에서 두드러진다.

그렇다면 체리피커 소비자를 어떻게 찾아낼 수 있을까? 방법은 다양하지만 그중 BC카드의 자체 앱인 '페이북'을 기준으로 플랫폼 체리피커의 소비를 확인해보고자 한다.

체리피커, 이렇게 소비한다

페이북 QR을 사용하기 시작했으나 이후 지속해서 사용하지 않고 어떤 이벤트에도 더 이상 참여하지 않는 이탈 고객을 '플랫폼 체리피커'로 정의하고, 그들의 소비 패턴을 분석해봤다. 할인 최소한도 금액 변경 시 약 20%의 고객이 1차 이탈, 일 최대 할인 횟수 변경 시 약 20% 2차 이탈, 월 최대 할인 횟수 변경 시 약 15%가 3차 이탈했으며 이탈률이 가장 높았던 2차 시기 직전 할인 혜택을 가장 매력적으로 여겼을 가능성이 크다. 실제 이탈했던 고객을 살펴보면 배달 서비스, OTT 서비스, 카페·음식업종에 주로 소비했으며 모바일 앱 사용에 익숙하며 트렌드에 민감한 고객군으로 추정된다.

차수별 주 소비 업종 이탈 순위

	1차 이탈	2차 이탈
1순위	배달 서비스	OTT 서비스
2순위	OTT 서비스	카페·음식
3순위	카페·음식	배달 서비스

출처: BC카드

플랫폼 체리피커의 더 나은 생활을 위해

플랫폼 체리피커 고객은 트렌드에 민감한 20~30대가 주력이다. 이들은 판매를 촉진하기 위해 불특정 다수를 대상으로 제품을 홍보하는 매스마케팅에 긍정적인 반응을 보인다.

또한 목표를 이루면 또 다른 플랫폼 혹은 카드를 찾아서 적극적으로 이주하는 경향이 많다. 하지만 카드사 플랫폼을 이동하며 신용카드를 변경하는 과정은 신용도 하락으로 이어지기 쉽다. 이렇게 되면 예상치 못하게 큰돈이 필요한 순간, 신용 문제로 금리, 대출한도에 발목이 잡혀 오히려 더욱 큰 손해를 볼 수 있다. 그렇기 때문에 카드 사용자의 경우 동일한 카드를 최소 1년 이상 사용하는 것이 좋다.

최근 구독 서비스가 많아지면서 이에 맞게 카드사 또한 소비 성향이 각기 다른 고객에게 알맞은 혜택을 선보이며 신뢰할 만한 성장을 꾀하고 있다. 신용도를 고려하여 자신에게 맞는 카드를 신중하게 골라 꾸준히 사용한다면 곤란한 상황은 피하고, 더 나은 혜택을 얻을 수 있을 것이다.

이 데이터 누가 사용할까?

유통사, 보험사, 카드사

- 유통사의 고객이 관심 갖는 혜택 업종 발굴
- 보험·카드사의 경쟁업체 시장조사

이 데이터 어디서 찾았을까?

- BC카드, 가구 소비 패턴 세그먼테이션 모델
- BC카드, 온·오프라인 결제 정보

15

오르는 임대료 공포, 이제 '앱세권'으로

창업하려면 역세권부터?

역세권은 보통 유동 인구가 많고, 소비가 활성화되어 있다. 그간 창업의 성공 조건으로 손꼽혀온 특징이며 많은 예비 창업자들은 높은 권리금과 임대료에 부담을 느끼면서도 역세권에 입점하고자 한다.

하지만 코로나19로 사회적 거리 두기가 일상화되면서 슬리퍼를 신고 나갈 수 있는 거리를 뜻하는 일명 '슬세권'에서의 소비가 증가하고 있다. 개인의 카드 소비 금액 중 집을 중심으로 500m 이내에서 소비하는 비중은 2018년 26%에서 2020년 33%로 7%p 증가한 반면, 집에서 5km 이상 떨어진 곳에서 소비하는 비중은 38%에서 31%로 7%p 감소하며 '슬세권'을 중심으로 소비가 전이되는 현상이 나타나고 있다.

정말 답은 역세권뿐일까?

1인 가구와 맞벌이 가구가 증가하면서 가정간편식HMR, Home Meal Replacement을 이용하거나, 배달 음식으로 끼니를 챙기는 것이 하나의 트렌드로 자리 잡았고, 이러한 소비의 중심에는 O2O 배달 플랫폼이 있다.

스마트폰으로 앱만 켜면 현재 위치를 중심으로 프랜차이즈부터 동네 식당, 유명 맛집까지 배달 가능한 음식점을 조회할 수 있고, 각 음식점의 메뉴와 실제 이용자들이 남긴 별점, 리뷰까지 확인이 가능하다. 게다가 몇 번의 터치만으로 주문이 완료되기 때문에 식당에 전화를 걸어 주문할 필요도, 배달원을 만나 음식 값을 결제할 필요도 없다는 점에서 언택트 시대에 최적화된 플랫폼이라고 볼 수 있다.

배달 앱 시장 규모는 2018년 4조 1,000억 원, 2019년 7조 1,000억 원, 2020년은 7월까지 이미 6조 4,000억 원을 돌파하며 2019년 규모에 육박했다. O2O 배달 플랫폼은 소비 패러다임 변화를 이끌며 매년 시장의 덩치를 키우고 있다. 배달 시장의 성장에 따라 예비 창업자들은 성공 창업의 키워드였던 '역세권'을 고집하지 않고도 매장 매출과 O2O 배달

배달 앱만 있으면 지역과 상관없이 어디서든 음식 배달이 가능한 시대, 배달 앱 사용이 높은 지역이 창업 포인트가 되고 있다.

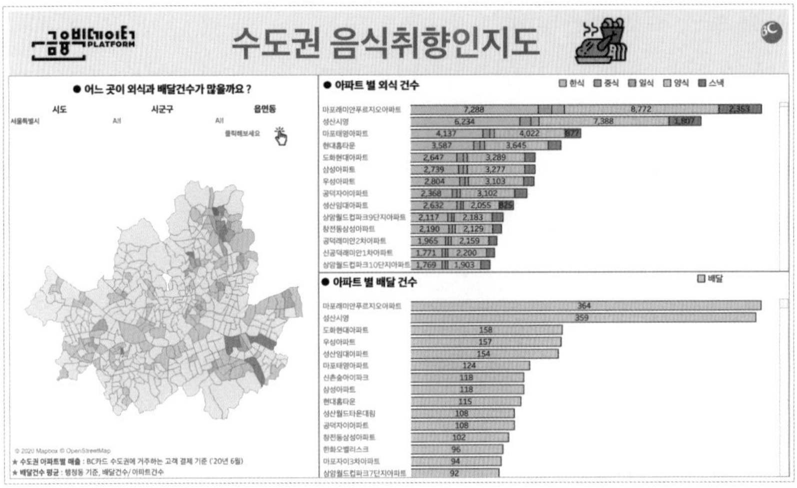

출처: 금융 빅데이터 플랫폼

을 동시에 공략할 기회를 확보한 것이다. 이와 같은 상황을 고려해 더욱 전략적으로 입지를 선정해야 한다. 지역 내 아파트 단지별로 외식에 지출하는 전체 소비 규모, 배달 앱을 통한 주문 규모, 그리고 한식·중식과 같은 음식 종류별 선호도에 대한 데이터를 활용한다면 아파트 단지 근처에 거주자들이 선호하는 음식점의 창업 및 운영 전략을 세울 수 있다.

금융 빅데이터 플랫폼에서는 카드 데이터를 활용하여 수도권 아파트별 배달, 외식 소비에 대한 정보를 제공하는 '아파트별 음식 취향 지도' 서비스를 제공하고 있다. 아파트별 외식 이용 데이터 분석 결과를 살펴보면, 전체 외식 이용 금액은 거주자 수가 많은 대규모 아파트 단지 중심으로 높게 나타나지만, 전체 외식 소비 규모와 배달 주문 이용 금액 순위는 정확히 일치하지 않는 것을 확인할 수 있다. 예비 창업자나 프랜차이즈 업체의 경우 아파트 거주자 구성원, 주변 음식점 밀집도 등에 따라 외식과 배달 이용 패턴에 차이가 있다는 점을 활용해보자. 이는 아파트 단지 규모 대비 배달 이용이 높은 지역이나 배달 이용 건수가 증가하는 지역에 창업한다면, 매장 매출뿐만 아니라 배달 서비스를 통해 추가 수익을 얻을 수 있다는 의미다.

매장이라는 물리적 위치의 한계를 벗어나 고객이 있는 곳을 중심으로 발생하는 소비 패러다임의 변화에 따라 상권을 보는 관점도 달라질 필요가 있다. 창업을 준비하는 예비 창업자는 임대료, 유동 인구수, 상주 인구수, 경쟁 점포의 분포도와 같이 전통적으로 창업에 중요하다고 여긴 데이터와 함께 O2O 배달 앱 이용 데이터도 꼼꼼히 분석해야 한다.

지역별 배달 앱 결제 데이터를 확인했을 때 배달 가능한 범위 내 대규모 1인 가구 또는 신혼 가구 거주 아파트 단지가 있다면, 역세권이 아닌 인기 주거지역 옆에 위치한 '옆세권' 골목을 택함으로써 임대료를 절감하면서도 매출을 높일 수 있다. 창업 성공의 핵심이 여기에 있다.

이 데이터 누가 사용할까?

예비 창업자, O2O 사업자, 프랜차이즈 업체

- 예비 창업자의 한정된 예산으로 점포 위치 선정
- O2O 사업자의 배달 중심 사업 추진 시 가게 위치 선정
- 프랜차이즈의 외식 트렌드를 반영한 신규 입점 전략 수립

이 데이터 어디서 찾았을까?

- BC카드, 요식업종 이용 데이터, 배달 앱 이용 데이터
- 서울시 우리마을가게 상권분석 서비스, 지역·상권별 현황

16

평점 높으면 잘되는 가게? 입소문의 진실

평점이 높다? 일단 출동!

코로나19의 영향으로 디지털 트랜스포메이션이 가속화되면서 강남, 종로 등 전통적인 오피스 대형 상권 중심으로 발생하던 소비가 주거 지역으로 분산되는 현상이 나타났다. 더불어 오프라인 소비가 다원화되어 지역 기반의 소상공인들에게 다소 낯선 기회가 찾아온 동시에 새로운 역할이 요구되고 있다.

이러한 흐름에 따라 지역 소상공인들은 손님을 유치하고 매출을 올리기 위해서 인스타그램이나 페이스북 같은 소셜 네트워크 채널을 적극적으로 활용하기 시작했다. 긍정적인 입소문이 확산되도록 고객을 참여시키는 데 전보다 더 큰 관심을 기울이고, 전에는 집중하지 않던 입소문 마케팅에 비용을 지출하는 데 점점 관대해지고 있다. 이는 간판이 없어 찾아가기 여간 쉽지 않은데도 호기심에 방문한 손님들의 입소문을 타고 유명해지면서 어느새 '힙'한 인기 맛집으로 자리 잡은 가게가 을지로, 익선동 등 구도심 지역을 중심으로 성행하게 된 주요 배경이라고 할 수 있을 것이다.

음식점 리뷰 평점과 BC카드 이용액 평균
(2020년 7월 기준)

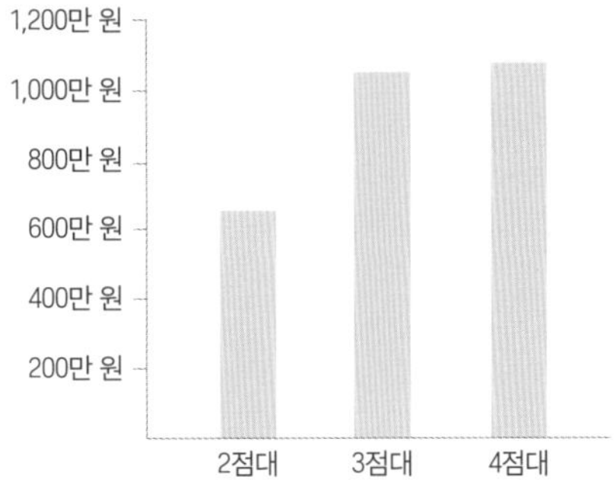

출처: BC카드

그렇다면 입소문을 타면서 온라인을 통해 사람들에게 좋은 평가를 받은 맛집들은 실제로 장사가 잘될까? 이태원과 한남동 음식점을 중심으로 월간활성사용자수MAU 200만 명이 맛집 추천 플랫폼 망고플레이트에서 맛집을 평가한 점수와 BC카드 매출액을 비교해봤다.

입소문 마케팅에 지갑을 열었던 가게 사장님의 기대처럼 가게 이용자의 평가 점수가 높을수록 이에 따라 가게 매출도 높게 나타났다. 망고플레이트 이용 고객은 평가 점수 이외에도 가고 싶은 가게를 조회하거

맛집 추천 플랫폼의 리뷰는 간판이 없고 찾아가기도 힘든 지역의 음식점들을 인기 맛집으로 끌어올렸다.

나, 방문을 희망하는 가게를 '찜' 기능으로 등록해두고, 방문에 따른 리뷰를 작성하는 등 또 다른 데이터를 남긴다. 이 중에서 조회수와 방문 희망 건수, 평점, 리뷰 수를 대표적인 고객 관심 지표 데이터로 산정하고, 상관관계 계수correlation coefficient를 파악하면 매출액과의 상호 관련성을 확인할 수 있다.

상관관계 계수는 데이터 간 상호 관련성을 파악하는 데 사용한다. 계수가 0이면 대상 간에 아무 관련성이 없음을 의미하며, 일반적으로 상관관계 계수가 1과 -1 값에 가까울수록 상호 관련성이 깊다고 본다. 이들 데이터와 이태원, 한남동 음식점 매출액과의 상관관계를 아래와 같이

고객 관심 대비 이용액 상관관계

	조회수	방문 희망 건수	평점	리뷰 수	매출 금액
조회수	1				
방문 희망 건수	0.97	1			
평점	0.48	0.48	1		
리뷰 수	0.84	0.83	0.46	1	
매출 금액	0.83	0.96	0.89	0.95	1

방문 전 (조회수, 방문 희망 건수) / 방문 후 (평점, 리뷰 수)

출처: BC카드

매출 금액이 높은 음식점의 경우, 해당 음식점의 조회수나 방문 희망 건수, 음식점에 대한 평점과 리뷰 수와 같이 고객의 관심을 나타내는 지표들과 높은 관련성을 보였다.

나타낼 수 있다.

숫자 1에 가까울수록 해당 칸을 접점으로 두고 연결된 두 개의 항목 간에 관련성이 높다는 것을 떠올리면 다음과 같은 분석이 가능하다. 맛집을 방문하기 전, 방문을 희망하는 의사를 표현한 건수와 매출 금액 사이의 숫자는 0.96으로 거의 1에 가까웠다. 맛집을 방문한 후 리뷰 수와 매출 금액 사이의 숫자도 못지않게 높은 0.95를 기록했다. 이에 비하면 다소 낮으나 수치상 매출 금액과의 관계에서 조회수와 평점 또한 각 0.83과 0.89로 0보다 1에 훨씬 가까운 수치를 나타냈다. 이를 통해 고객이 맛집을 방문하기 전에 맛집을 조회하거나 방문을 희망하는 의사를 표현한 건수가 많을수록, 그리고 방문 후에 고객이 평점을 높게 부여하거나 리뷰를 작성한 건수가 많을수록 매출 금액이 오른다는 것을 알 수 있다. 조회수, 방문 희망 건수, 평점, 리뷰 수 모두 고객의 관심을 나타내는 지표 데이터인 만큼 가게 매출액과의 상관관계가 높게 나타난 것이다.

그런데 방문 전 지표 중 조회수보다 방문 희망 건수가, 방문 후에는 평점보다 리뷰 수가 매출 금액과 더 높은 상관관계를 보인 이유는 무엇일까? 두 지표 간의 차이는 고객이 귀찮음을 감수하면서도 방문 희망에 대한 의견과 리뷰를 작성하며 자발적으로 기업과 의견을 교환하는 데 적극 참여했다는 점에 있다. 즉 고객은 자발적 참여를 통해 직접 시간과 노력을 투자했기 때문에 투자 대상을 유심히 지켜보고 애착을 가지게 되며, 방문 희망 건수와 리뷰 수에 해당하는 고객 참여 활동이 조회수와 평점에 해당하는 입소문 활동보다 고객 구매 활동에 좀 더 긴밀하게 연결되어 있다는 사실을 알 수 있다.

고객 직접 참여와 입소문, 무엇이 더 효과적일까?

이와 관련하여 전문가의 설문조사에서도 유사한 패턴이 관찰됐다. 유럽에 본사를 둔 글로벌 은행과 거래하는 327명의 고객들에게 해당 은행을 다른 사람들에게 얼마나 추천했으며 은행 측에 얼마나 적극적으로 피드백이나 조언을 제공했는지 묻고, 고객들이 은행해서 구입한 총액(고객이 보유한 포트폴리오의 달러 가치)을 분석했다. 그 결과 참여도가 높고 입소문을 많이 퍼뜨리는 고객 다음으로 가장 가치 있는 집단은 참여도가 높지만 입소문을 퍼뜨리는 데는 적극적이지 않는 사람들이었다.

이는 고객 참여를 장려하면 높은 수익을 올릴 수 있음을 나타내는 지표로, 기업의 경우 입소문에만 신경 쓰는 것보다 고객 참여를 강조하

고객 포트폴리오 총 가치에 따른 '고객 참여' vs '입소문' 효과 비교

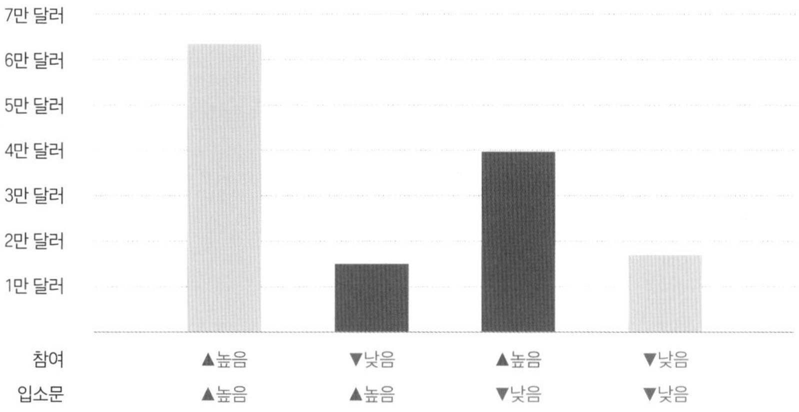

출처: MIT Sloan Management Review

는 것이 바람직하다는 의미를 내포하고 있다.

고객과의 상호작용이나 의견 교환이 용이한 온라인 기업들은 고객 참여가 가져오는 가치를 중요하게 인식해 고객의 피드백에 따라 환경과 방식을 개선하며 '참여 수익률Return on Participation'을 높이고자 노력하고 있다. 애플은 전통적인 제품 검사와 시장조사를 하지 않지만 애플 서포트 커뮤니티Apple Support Communities, 익스프레스 레인Express Lane과 같은 고객 피드백 웹페이지를 운영하면서 각 고객의 요구사항을 충분히 들으며 상호작용하고 있고, 스타벅스는 2008년부터 스타벅스 아이디어My Starbucks Idea와 같은 웹사이트를 통해 고객 제안과 고객 참여를 장려해왔다. 온라인 사업자에게 월간활성사용자수보다 고객의 앱 체류시간Duration time이 최근 더 중요하게 논의되고 있다는 사실을 증명하는 사례다.

시간이나 비용상의 문제로 고객 피드백을 직접 확인할 수 있는 데이터를 관리하거나 소프트웨어를 준비하기 어려운 가게 주인 혹은 기업이라면 앞서 언급한 온라인 플랫폼 회사들이 어떤 방식을 취하고 있는지 유심히 관찰해볼 필요가 있다. 그들은 우선 고객의 자발적인 참여를 통해 리뷰를 수집하고, 추가 방문을 희망하는지에 대한 의견 등 데이터를 모았다. 이 시대에 필요한 마케팅의 방향을 제시한 셈이다.

이 데이터 누가 사용할까?

요식업 창업·사업자, 요식업 프랜차이즈 업체, 금융기관

- 요식업 사업자 및 프랜차이즈 본사의 음식점 이용 고객을 위한 서비스 개선과 이윤 창출
- 금융기관의 대출 등 금융 서비스 제공을 위해 소상공인 매출액, 성장성 예측을 돕는 신용평가 보조 지표

이 데이터 어디서 찾았을까?

- 금융 빅데이터 플랫폼, '데이터 공급센터'
- 망고플레이트, 조회수, 방문 희망 건수, 평점, 리뷰 수
- BC카드, 사업자 매출액·건수

17

식당 창업에 필요한 진짜 솔루션, 단골

골목식당과 단골

'요리하는 CEO'로 불리는 백종원 대표는 현재 요리와 관련해서 가장 유명하고 신뢰도 높은 인물로 손꼽힌다. 특히 〈백종원의 골목식당〉은 요식업계의 대선배인 백종원 대표가 직접 출연해 각 식당의 문제점을 찾아내고 해결 방안을 제시하며 인기를 얻고 있다. 각 식당에 솔루션을 제공하며 그가 하는 말들을 요식업 창업을 준비하는 많은 이들은 바이블로 받아들이고 있다. "기본을 잊지 말라", "가게는 내(사장) 공간이 아니다. 손님에게 더 나은 서비스를 제공하기 위한 공간"이라는 조언에는 그가 창업하며 겪어온 수많은 성공과 실패의 경험이 녹아 있다. 이를 바탕으로 솔루션을 제공하기에 시청자들은 그의 말에서 무게와 진실성을 느낀다.

그중 여러 차례에 걸쳐 반복하는 이야기 중 하나가 바로 '단골'이다.

언제나 단골이 가장 중요하며, 가게가 프로그램을 통해 유명해져서 반짝 이슈로 손님을 끌기보다 기존 단골들을 유지하기 위해 가게의 영업시간을 조정하는 것과 같은 유용한 팁을 지속적으로 주고 있다. 실제로 자영업자에게 단골은 어떤 가치를 지니고 있을까?

단골이란 단순히 월 1회 방문하는 고객, 월 2회 방문하는 고객처럼 객관적인 소비 행태로만 정의하기는 어렵다. 예를 들어 을지로 근처에 위치한 유명 냉면집들을 생각해보자. 보통은 1년 중 무더운 여름날 두세 번 갈 뿐이지만 대를 이어 방문하는 고객들도 있다. 혹은 직장인의 경우 짧은 점심시간에 여유 있게 식사를 할 만큼 회사와 가까운 식당이라서 자주 방문하기도 하고, 회식할 장소를 찾아 예약해야 할 때 주변으로부터 칭찬을 들을 정도까진 아니더라도 실패하지는 않을 식당으로 그곳을 선택하기도 할 것이다. 그렇다면 객관적 수치상 그들 또한 일종의 단골 고객이다.

이렇듯 다양한 단골 소비 행태가 분명히 존재하며 이를 단순화하더라도 단골이 가게 수익의 근간이 되는 것은 데이터로도 증명이 가능하다. 전국 개인사업자가 운영하는 요식업종 가게들을 통해 얻은 데이터를 바탕으로 고객의 방문 횟수에 따라 고객군을 월 1회 방문자는 일반 이용고객, 월 단위로 여러 차례 방문한 이용자는 다건 이용 고객, 주 단위로 반복 이용하는 고 이용자는 단골 이용 고객으로 나누어 매출이 이후 1년 동안 얼마나 유지되는지를 살펴보면 1회 이용객 대비 단골 이용 고객 층에서 +43.9%p 더 높은 수치로 유지됨을 알 수 있다.

단골은 경기와 이슈를 상대적으로 타지 않는다는 점이 특히 인상적이다. 블루리본 서베이에 선정된 유명 가맹점 중 몇몇 가게를 대상으로

고객 방문 횟수에 따른 요식업종 이용 유지율(2019년 기준)

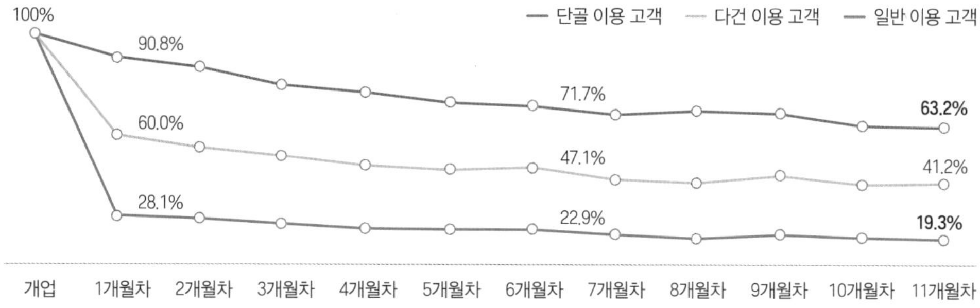

출처: BC카드 빅데이터센터

매출 데이터를 분석한 결과, 지난 8월 시행된 수도권 사회적 거리 두기 2~2.5단계 기간 동안 해당 가맹점들의 매출은 신규 고객의 매출이 급감했으나 재방문 고객들을 통한 매출은 오히려 늘어난 것을 확인할 수 있었다. 장사의 근간이 되는 단골은 이토록 중요하다.

단골은 주변 사람들에게 입소문을 낸다

그렇다면 단골이 단순히 매출 유지에만 도움이 되는 것일까? BC카드 소비 데이터와 망고플레이트 데이터를 바탕으로 법인 카드 고객의 결제 내역, 주소지와 개인 고객의 직장 주소지 정보를 활용해 단골이 만들어내는 입소문의 힘을 분석했다.

처음 방문해 새롭게 알게 된 식당이 마음에 들어 나중에 소중한 가족, 연인과 재방문한 경험이 한 번쯤 있을 것이다. 서울 지역에 본사를 둔 업체들의 법인카드 이용 매장과 해당 법인이 직장인 고객들의 이후 방문 여부를 살펴본 결과 고객의 약 18.8%가 식당을 지인들과 다시 방문했다. 즉, 한 직장인이 회식을 통해 특정 식당을 처음 방문하고 음식값을 법인카드로 결제한 이후 해당 식당에 개인적으로 다시 방문할 확률이 약 18.8%인 것이다.

이처럼 단골의 추천과 입소문이 주변 사람들에게 퍼져 신규 고객 창출로 이어진다는 점은 데이터로도, 일반적인 소비 행태로도 쉽게 도출할 수 있다. 결국 식당을 운영하는 요식업자에게 단골은 매출 유지와 신규 매출 모두에 영향을 미치는 중요한 요소다.

식당 운영에서 가장 중요한 것은 물론 음식의 맛일 것이다. 그러나 데이터를 바탕으로 단순히 맛만 개선하는 것이 아니라 식당을 어떻게 경영할 것인지 그 방향을 제대로 잡는 것이 중요하다. 수많은 영업 행태, 장사 환경, 다양한 층의 고객을 가진 요식업계 종사자와 창업 준비생은 각자의 상황에 맞게 단골을 정의하고, 그들을 위한 맞춤형 경영을 할 필요가 있다. 변화는 데이터로 나타날 것이다. 바로 POS기의 금액으로 말이다.

이 데이터 누가 사용할까?

요식업자

- 요식업 사업자의 음식점 이용 고객 데이터를 활용한 서비스 개선과 더 큰 이윤 창출

이 데이터 어디서 찾았을까?

- BC카드, 사업자 매출액·건수
- BC카드, 소비 데이터
- 망고플레이트

18

창업, 동네가 더 좋은 이유

오프라인 상권, 이대로 무너지는가

2020년, 오프라인 상권 매출은 전년 대비 40% 이상 급감하는 지역이 나타나는 반면 온라인 상권은 20% 이상 상승하는 기이한 현상이 나타났다. 정부와 기업은 이처럼 급격하게 변하는 사회에 적응하기 위해 대면 상권 지원과 함께 비대면 서비스 활성화에도 박차를 가하고 있다. 이런 현상은 당분간 지속될 것으로 보이며, 오프라인 시장은 지원을 받는다고 해도 고전을 면하기 어려울 것이다. 한때 유동 인구가 넘쳤던 젊음의 거리 홍대, 글로벌한 거리 이태원, 맛집이 많은 성수와 같은 상권을 찾는 소비자는 급격히 줄었으며 폐업하는 곳이 날마다 늘어나고 있다.

희망찬 앞날을 예상하기 어려운 상황이지만 위기는 언제나 기회를 동반하기 마련이다. 실제로 2020년 오프라인 가맹점은 계속 줄어들기만

하고, 매출 상승이 일어난 오프라인 상권은 전혀 없는 것일까? 위기 속에서 기회를 만들어가고 있는 상권이 있다면 어디일까?

주거지와 오피스, 상권의 변화

지역·업종별 반경 기준으로 오프라인 상권 내에서 매출이 상승한 지역을 성장성이 있는 지역으로 추정하고 상권이 어떻게 변화했는지 확인하기 위해 데이터를 활용했다. 카페와 같이 음료 관련 업종으로부터 반경 300m 이내의 신용카드사 매출 데이터를 분석했으며, 여기에서 '주거지'는 아파트 상권, '오피스'는 회사 상권을 의미한다.

BC카드 빅데이터센터팀은 2020년 코로나19 영향으로 주거지 상권이 오피스 상권에 비해 매출이 상대적으로 크게 상승했을 것이라고 예상했다. 하지만 실제 주거지 상권에 대한 매출은 예측했던 것과 달리 작은

상권 지역별 전년 대비 매출액 증감률

상권	지역	전년 대비 2020년 2분기
주거지	유동 인구 많은 특정 지역 인근	8%
	유동 인구 일정한 특정 지역 인근	21%
오피스	중견·중소기업 밀집 지역 인근	-17%
	대기업 밀집 지역 인근	-38%

출처 : 서울특별시 우리 마을가게 상권분석서비스

폭으로 상승한 것을 확인했다. 유동 인구, 지역 주민의 소비 특성 등의 입지적 특징이 영향을 끼친 것으로 보인다. 실제 데이터 분석 결과, 외부 유동 인구가 많았던 지역보다 유동 인구가 일정했던 지역의 매출이 더욱 크게 상승했다. 특히 오피스 상권의 경우, 재택근무 영향으로 중견·중소 기업이 몰려 있는 지역보다 대기업이 위치한 지역 상권이 더욱 큰 변동 폭을 보인 것으로 추정된다.

2021년, 창업하기 좋은 지역과 업종이 있을까?

지역·업종별로 세부 분석해본 결과, 코로나19 영향에 따라 주거지 지역 매출이 오피스 지역 매출보다 높은 경향을 보였다. 그 외에도 사실상 업종이나 지역, 반경, 주민 특성 등 매출에 영향을 끼치는 여러 요인이 있기 때문에 해당 분석은 주거지 인근 카페 관련 업종에 한해 매출 증가세를 보였다고 이해하는 것이 바람직하다. 특히, 주거지 지역은 '슬세권'으로 아파트 주민들의 '방콕' 성향과 지역 매출이 밀접하게 이어져 있다. 2020년에는 코로나 장기화와 재택근무의 영향으로 정육점, 편의점과 같은 업종에서도 매출이 상승했다. 지금부터 창업을 준비한다면 오피스 상권과 비교했을 때 주거지 인근 지역이 전반적으로 리스크가 적을 것으로 추측해볼 수 있다. 어려운 시기일수록 업종에 따라 신중하게 유동 인구와 연령대별 특색을 분석하는 등 보다 더 면밀한 관찰이 필요하다.

이 데이터 누가 사용할까?

유통업체, 대행업체, 온라인 마케팅 업체, 트렌드 조사업체

- 유통업체의 고객 트렌드 파악
- 대행업체, 온라인마케팅 업체, 트렌드 조사업체의 온라인 매출 파악 및 소비 트렌드 조사

이 데이터 어디서 찾았을까?

- BC카드, 가구 소비 패턴 세그먼테이션 TPO 모델
- BC카드, 온·오프라인 결제 정보

19

폐업과 신규 가게로 우리 동네 창업지수를 알 수 있다?

새로운 꿈으로 뛰어든 청년들

한 집 건너 한 집은 치킨집이라고 할 만큼 치킨집의 창업 인기가 꽤 오래 식을 줄 몰랐다. 전국에 약 3만 6,000개가 넘는 치킨집이 성업 중이고 전체 프랜차이즈의 20%가 '치킨'[6]이라고 하니 대한민국은 '치킨 공화국'이란 말이 나올 법하다. 하지만 이러한 치열한 경쟁을 감당하지 못한 채 '대박'의 꿈이 '쪽박'으로 끝나는 경우도 부지기수다. 치킨집의 폐업률이 3년 연속 1위를 차지하고 있음에도 불구하고 2019년 한 해 동안 문을 연 치킨 프랜차이즈 가맹점은 무려 3,937곳에 달한다. 적은 비용으로 창업을 시작할 수 있어 퇴직자들에게 큰 인기를 끌고 있기 때문이다.

창업은 이제 퇴직자에 국한한 이야기가 아니다. 최근 청년들에게 창업의 기회를 주고자 많은 지자체에서 청년 창업자를 양성하기 위한 다양한 청년 창업 프로그램을 시행하고 있다. 중소벤처기업부가 발표한 '2020년 상반기 창업기업 동향'에 따르면 코로나19 시대에도 30세 미만의 창업자가 작년 동기 대비 15.3% 증가했다. 업종별로는 올 상반기 새롭게 만들어진 창업 기업의 경우 1위 부동산업(29만 2,910개, 36.2%), 2위 도·소매업(18만 6,748개, 23.1%), 3위 숙박·요식업(8만 2,592개, 10.2%), 4위 건설업(3만 4,065개, 4.2%) 순으로 나타난다. 젊은 층이 시야를 다양한 업종으로 확장하고 있지만, 그럼에도 여전히 상위권을 차지하는 숙박·요식업에 관심이 집중되어 있는 것이 사실이다.

치킨집을 기존에 운영해온 사람들이나 새로운 사업으로 뛰어드는 청년들에게 '대박' 꿈을 실현하도록 도울 서비스가 존재한다. BC카드 금융 빅데이터 플랫폼이 제공하는 '대박 날 지도' 서비스는 창업 위험지수(주의, 경계, 위험)와 창업 성공 예측지수(성장성, 안정성, 시장성, 구매력, 밀집도)를 활용하여 상권별로 정보를 확인할 수 있도록 설계한 지도다.

지역 성장률, 창업지수로 예측하다

2020년 8월 서울시를 기준으로 해당 월에 오픈한 점포와 폐업한 점포를 확인해 '창업지수'를 산출했다. 이를 통해 지역별 특정 업종의 성장성을 알 수 있다. 창업지수는 1보다 크면 오픈한 가게가 더 많고, 1보다 작으면 폐업한 가게가 더 많다는 것을 의미하며, 숫자가 클수록 성장성이 높다고 해석할 수 있다.

서울시 행정동별 요식업종의 창업지수와 중·장년층에게 가장 많은 인기를 끌고 있는 치킨 프랜차이즈 창업지수를 시각화하여 비교해보

요식업 전체 vs 치킨 프랜차이즈 창업지수 비교(2020년 8월 기준)

● 요식업종 창업지수

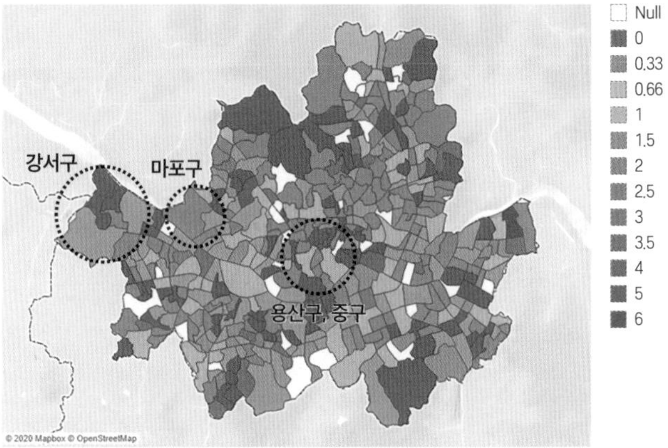

● 치킨 프랜차이즈 창업지수

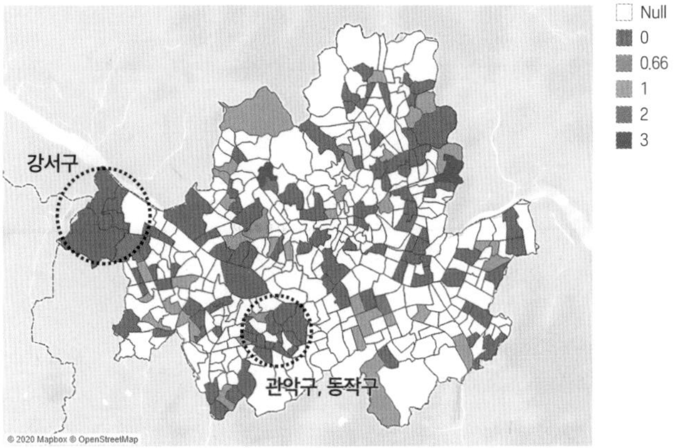

출처: BC카드

고자 한다. 지도에서 빨간색에 가까운 지역일수록 성장성이 낮고, 파란색에 가까울수록 성장성이 높은 동네라는 뜻이다. 종로, 성북구, 강북구, 용산구, 중구 구간에 포함된 행정동 대부분의 경우 붉은색으로 표시된 구간이 많고, 강서구, 마포구에 포함된 행정동에 파란색 구간이 많은 것을 알 수 있다.

요식업종 내에서 가장 인기가 많다는 치킨 프랜차이즈에 대한 시각화 지도를 살펴보면 강서구, 관악구, 동작구와 같이 주거지역의 성장성이 의외로 낮은 것으로 나타난다. 특히 강서구의 경우 전체 요식업종의 창업지수가 높은 반면 치킨 프랜차이즈의 창업지수가 낮게 표시되는 부분은 눈여겨볼 만하다. 최근 추세대로라면 가게 문을 연 사람들이 이미 많은 강서구에서 치킨 프랜차이즈를 창업하고자 하는 이들은 좀 더 조심스럽게 접근할 필요가 있다.

이외에 요식업종의 창업지수는 중식, 일반 한식, 한정식, 양식, 일식 등의 다양한 세부 업종과 비교가 가능하다. 해당 데이터는 요식업종뿐만 아니라 2020년 상반기 창업 비율이 높았던 부동산업, 도·소매 유통업, 숙박업 등 다양한 업종에서 창업지수 활용이 가능하다.

이 데이터 누가 사용할까?

청년 창업 양성을 준비하는 지자체, 예비 창업자

- 청년 창업자를 양성하고자 하는 지자체의 데이터 제공
- 요식업 창업을 준비하는 예비 창업자의 지역별 성장률 조회를 통한 창업 지역 선정

이 데이터 어디서 찾았을까?

- BC카드, 요식업종 오픈 및 폐업 가게 수
- BC카드, 치킨 프랜차이즈 오픈 및 폐업 가게 수

20

여기에 창업하면 대박 날 '지도'?

빅데이터로 대박 날지도 몰라

우리나라 전체 근로자 중 자영업자는 무려 43%에 달한다. 2018년 기준 자영업자의 비중이 OECD 국가 중 두 번째로 높다. 많은 예비 창업자들은 평균 9.5개월간 창업을 준비하며 그 기간에 주로 시장 조사를 하거나 동종 업계에 종사함으로써 경험을 쌓는다. 중소기업벤처부가 2018년을 기준으로 진행한 전국소상공인실태조사에 따르면 창업을 준비할 때 입지를 선정하는 것을 가장 어려운 단계로 꼽는다고 한다.

직접 발로 뛰고 경험하며 얻는 깨달음은 물론 값지지만, 통계청에서 지난 6월 발표한 국내 자영업자 수 555만 명, 그중 BC카드 가맹점 308만 개의 현장에서 시시각각 발생하는 다양한 빅데이터를 활용한다면 창업을 준비하는 예비 창업자들과 현재 상점을 운영하는 자영업자들이 정확

출처: 서울시 우리 마을 가게 상권 분석 서비스

서울신용보증재단이 운영하는 '서울 우리 마을 가게 상권 분석 서비스'는 빅데이터 분석을 기반으로 상권을 분석해 소상공인의 창업과 사업 운영을 돕는다.

한 정보를 조금 더 쉽고 빠르게 얻을 수 있다.

이 순간에도 각 상점에서 다양한 데이터가 발생하고 있다. 식당의 경우, 식당 주변 통신사 기지국을 중심으로 유동 인구가 몇 명인지 집계되며 이 중 보행 인구는 몇 명인지, 식당 입구에서 대기 예약 플랫폼에 등록한 이들은 몇 명인지, 시간대별로 몇 명의 대기자가 나오고 평균 대기시간은 얼마인지의 정보가 모두 모인다. 식당에 들어간 사람들이 내부 인테리어와 메뉴를 사진 찍어 SNS와 맛집 평가 플랫폼에 올리는 모든 리뷰들도 빅데이터로 쌓인다.

식사를 마친 고객이 신용카드 또는 각종 페이로 음식값을 치르는 결제 데이터가 모이면 식당의 매출이 지난달과 대비하여 얼마나 늘었는지, 주변 경쟁 점포들의 매출 성장세와 어떤 차이가 있는지, 해당 식당이 속해 있는 상권 전체는 성장하고 있는지를 판단할 수 있다.

개인이 이와 같은 정보들을 모아 활용하기에는 현실적으로 여러 제약이 있겠지만 소상공인시장진흥공단 상권 정보 시스템, 서울신용보증재단 서울 우리마을 가게 상권 분석 서비스와 같은 플랫폼을 이용하면 누구나 쉽게 빅데이터를 활용한 결과를 얻을 수 있다. 이는 소상공인의 창업과 사업 운영을 돕기 위한 빅데이터 분석 기반 상권 분석 플랫폼이다. 민간기업들 또한 자영업자의 창업 지원을 위한 상권 분석 플랫폼들을 운영하고 있다. BC카드의 금융 빅데이터 플랫폼은 카드사의 결제 데이터, 통신사의 유동 인구 데이터, 맛집 빅데이터 플랫폼 이용 고객들의 맛집 평가 데이터를 활용하여 어디에, 어떤 업종을 창업하면 좋을지에 대한 정보를 제공하는 '대박 날 지도' 서비스를 제공한다.

해당 서비스는 특정 상권의 월평균 매출액이 주변 상권 매출보다 높은지, 작년과 비교하여 상점 매출액이 증가했는지, 상권 내 경쟁 상황 등 시장성·성장성·안정성 관점에서 종합적으로 분석한 창업지수를 시각화하여 지도 위에 색상으로 표현한다. 또한 해당 상권 내 동일한 업종들은 평균 얼마의 매출을 달성하고 있으며, 상권 내 동일 업종이 얼마나 새로 생기거나 문을 닫았는지에 대한 정보뿐만 아니라 유동 인구수, 세대수, 거주 인구수와 같은 정보를 제공하여 예비 고객이 존재하는 지역적 범위의 경쟁 현황을 판단할 수 있도록 돕는다. 또한 해당 상권에 창업한다면 어떤 업종이 좋을지, 반대로 특정 업종을 창업하고자 한다면 어떤 상권이 좋을지에 대한 추천도 가능하다.

금융 빅데이터 플랫폼 내 '맛집 빅데이터 플랫폼'에서 제공하는 스타 맛집의 운영 시간, 메뉴와 같은 영업 정보와 시간대별 검색 인기도,

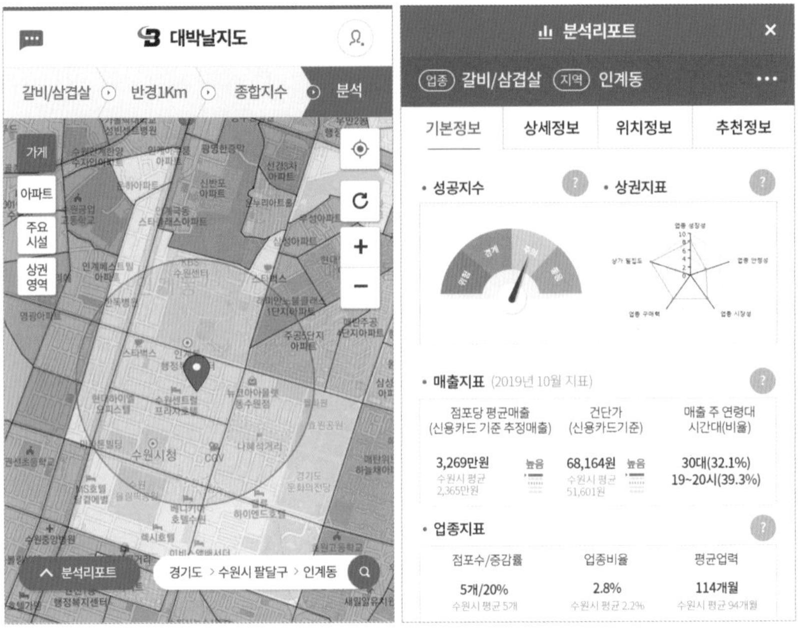

금융 빅데이터 플랫폼은 카드사의 결제 데이터, 통신사의 유동 인구 데이터, 고객의 맛집 평가 데이터를 활용해 업종, 입지 선정 등 창업에 도움 될 정보를 제공한다.

출처: 금융 빅데이터 플랫폼

그리고 300만 명의 고객들이 남긴 생생한 리뷰도 연동되어 소비자 반응을 미리 조사하고 성공한 상점의 운영 정보를 벤치마킹할 수도 있다.

빅데이터가 늘 정답을 말한다고 할 수는 없으나 매장과 상권을 중심으로 쌓이는 모든 이용자 행동의 기록은 분명 유용하다. 방대한 기록과 자영업자의 연륜이 만난다면 시너지를 창출하여 좀 더 객관적이고, 정확한 판단을 내릴 수 있을 것이다. 빅데이터 자체에 대한 접근과 분석은 어렵지만, 그 단계가 정리되어 곧장 결과를 볼 수 있는 서비스를 활용한다면 누구나 특정 상권에 대한 '대박 날 지도'를 직접 만들 수도, 빅데이터를 통해 실제로 대박이 날지도 모른다.

이 데이터 누가 사용할까?

프랜차이즈 업체, 예비 창업자, 자영업자

- 프랜차이즈 업체의 신규 점포 입점 전략 수립, 예비 창업자의 창업 지역 선정
- 예비 창업자의 업종에 적합한 상권 선정 혹은 상권 선택 후 업종 선정
- 자영업자의 업종 변경 및 점포 폐점 의사결정, 마케팅 방안 수립, 상권 내 홍보 대상 선정

이 데이터 어디서 찾았을까?

- 소상공인시장진흥공단, '상권정보 시스템(http://sg.sbiz.or.kr)'
- 서울신용보증재단, '서울시 우리 마을 가게 상권 분석 서비스(golmok.seoul.go.kr)'
- 금융 빅데이터 플랫폼, '대박 날 지도'
- BC카드, 치킨 프랜차이즈 오픈 및 폐업 가게 수

21

전화번호 정보로 당신의 신용을 알 수 있다

작은 데이터와 비즈니스 역량이 결합할 때

모바일이 생활의 중심인 시대다. PB Private Banking, WM Wealth Management과 같이 대면 중심의 자산관리가 일반적이었던 금융업계에도 디지털 트랜스포메이션이 빠른 속도로 이뤄지고 있다.

특히 전 세계가 코로나19에 적응해가는 과정 중 어떤 서비스를 이용하든 고객은 어쩔 수 없이 비대면 수단을 선택할 수밖에 없는 상황에서 기업들은 모바일을 중심으로 고객과 원활하게 소통하는 방법을 찾아가고 있다. 금융업계의 서비스도 큰 글씨 앱, ARS 상담원 우선 연결과 같이 과거 디지털 서비스 소외계층이 겪어온 비대면 거래의 불편을 해소하는 방향으로 발전했다.

이에 따라 과거에는 금융회사에서 고객에게 이용대금 명세를 고지

빅데이터 활용 가치의 확장 과정

데이터

문자 발신

발신번호	회사명	구분
1588-4000	BC카드	카드
1588-7000	한국씨티은행	은행
1522-1000	케이뱅크	은행
1544-5000	한국투자저축은행	증권
1599-8000	신한은행	은행

↓

비즈니스 역량

금융기관 작동

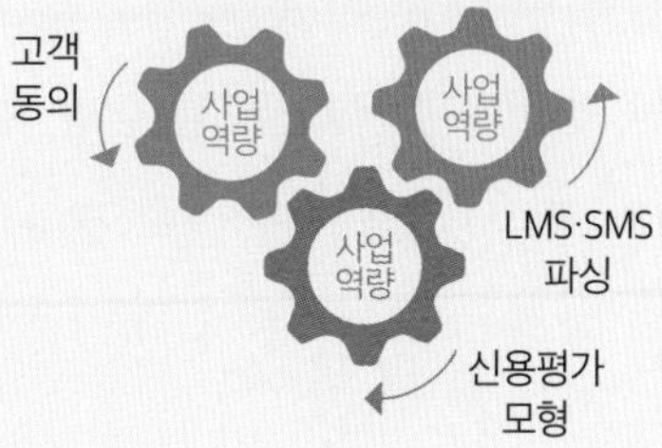

↓ ↓ ↓

빅데이터 활용 가치

신용평가 보조지표 활용

다수의 제1금융기관 발송 메시지 → 고高 신용 추정

다수의 제3금융기관 발송 메시지 → 저低 신용 추정

⋮ → ⋮

출처: BC카드

하거나 대출 이자 납부와 관련해 안내하거나 금융 상품을 광고할 때 금융 서비스의 커뮤니케이션 수단으로 고지서나 우편 안내물, 이메일, 전화 연락, 영업점 창구 상담과 같이 다양한 방법을 동원했지만, 이제 간단한 문자 안내로 일원화하는 양상을 보인다. 그 결과, 하루가 멀다 하고 금융기관을 포함한 여러 기관으로부터 무수히 많은 문자메시지를 받게 되는데 이를 발송한 금융기관 전화번호를 정리해 수익화한 사례가 있다. 이는 누구나 쉽게 구할 수 있는 작은 데이터가 비즈니스 전문 역량과 결합해 사용되는 경우, 데이터의 활용 가치가 매우 큰 폭으로 증대됨을 말해주는 예다.

금융회사의 신용평가 역량 관점에서 살펴보면 단순히 문자를 발송할 때 쓰인 전화번호가 의미 있는 데이터로 활용된다. 먼저 금융회사가 고객에게 대출을 제공할 때 대출 신청 고객의 동의를 확보한 후, 고객이 받은 문자메시지의 발송기관 전화번호를 금융회사의 디지털 역량으로 수집하여 분석한다. 여기서 제1금융권에서 문자를 많이 받은 고객은 상대적으로 신용도가 우수하다고 판단하고, 반대로 제3금융권에서 문자를 많이 받은 고객은 상대적으로 신용도가 낮을 것으로 판단하는 방식이다. 물론 기존의 금융 서비스들이 소득, 연체 등 금융 이력 데이터를 활용하여 점수를 매긴 신용평가점수를 중심으로 대출을 진행하고 있지만, 이 사례와 같이 금융 이력이 아닌 별도의 데이터를 보조 지표로 활용한다면, 기존에 금융 이력이 충분하게 확보되지 않아 신용평가점수가 낮거나 혹은 판단할 만한 마땅한 점수가 없어서 대출을 받지 못했던 사람들도 대출을 받는 새로운 기회를 얻을 수 있다.

최근 이와 같은 방식으로 금융기관이 대출 가능 여부를 평가할 때

통신 요금 연체 이력이 없는 고객이 상대적으로 대출 연체율도 낮을 것으로 판단하거나, 수술이나 병원 치료와 같이 목돈이 필요한 경우가 상대적으로 적은 건강한 고객에게는 금융사가 높은 금리를 적용하기도 한다. 이처럼 SNS, 통신 요금 정보, 생활 정보, 건강 정보 등 여러 비금융 데이터를 금융 서비스 신용평가의 보조 지표로 활용해볼 수 있다.

이러한 비금융 데이터를 '대안신용평가' 데이터라고 한다. 데이터 3법 개정을 통해 '비금융 정보 전문 신용평가 사업'을 도입하기로 한 정부의 지침에 따라 앞으로 다양한 비금융 데이터, 즉 대안신용평가 데이터를 활용해 기존에 없던 편리하고 새로운 금융 서비스가 제공되는 사례가 더욱 많아질 것으로 기대한다.

이 데이터 누가 사용할까?

금융기관, 앱 서비스 개발업체

- 금융기관의 기존 금융 정보 외 비금융 정보를 신용평가 보조 지표(대안신용평가정보)로 활용
- 앱 서비스 개발업체의 발신자 정보 제공 및 스팸 차단 서비스 제공

이 데이터 어디서 찾았을까?

- BC카드, '금융 빅데이터 플랫폼' 데이터 공급센터의 해빗팩토리
- 다수의 고객을 확보한 웹·앱 서비스 사업자라면 자체적으로 프로그램을 개발하거나, 공동으로 데이터를 정리하는 방식을 통해서도 직접 수집 가능

22

휴대전화 요금이 알려주는 취약계층 대상자

취약계층임을 직접 증명하시오

2020년 정부에서 긴급재난지원금을 지급했다. 지난 6월 3일 행정안전부가 발표한 공시자료에 따르면 전국 98.9% 국민이 긴급재난지원금을 신청했다고 한다. 그렇다면 재난지원금을 신청하지 않은 1.1%는 누구일까? 신청 절차를 고려했을 때 도움이 절실히 필요하지만 인터넷이나 모바일을 사용하는 데 어려움이 있고, 혼자서는 거동하지 못하는 사람일 확률이 높다.

국가에서는 경제적 취약계층을 위해 기초생활수급자, 장애인과 같은 대상에게 다양한 복지 혜택을 제공하고 있다. 다만, 이러한 혜택을 받기 위해서는 복지 혜택 대상이 되더라도 본인이 취약계층임을 증명하는 절차를 거쳐야 한다. 하지만 실제로 걷지 못해 홀로 이동하기가 어렵거나 인근 주민센터를 같이 혹은 대신 방문해줄 가족 혹은 가까운 지인이 없어 본인의 상황을 증명하기조차 힘든 이들이 있다면 이를 파악해 찾아가는 복지 서비스를 제공할 방법은 없을까? 취약계층임을 알 수 있는 객관적인 자료는 무엇일까?

휴대전화 요금으로 복지 대상자를 선별한다

통계청과 한국통신사업자연합회KTOA가 지난 5월 10일 공개한 '2019년 가구당 통신비용'에 따르면 지난해 가계 통신비는 월 12만 3,000원이라고 한다. KT 요금제를 기준으로 통신요금 중 5G 무제한 요금제는 약 55,000원부터 90,000원까지 다양하게 구성되어 있다. 반면 청소년 요금제를 제외하고 성인이 사용할 수 있는 요금제 중 가장 저렴한 것은 22,000원 요금제로 만 65세 이상부터 이용이 가능하다.

최근 50~60대 사이에서 일명 '알뜰폰'이 유행하거나 이동통신 3사를 이용하는 고객 중 노년층에 해당하는 사람들은 통신 요금을 할인받아 저렴하게 이용하는 인구가 다수일 것으로 예측한다. 즉, 연령이 높을수

연령대별 휴대전화 평균 이용 금액

연령	10대	20대	30대	40대	50대	60대	70대	80대
평균 금액	86,457원	109,746원	83,400원	64,281원	64,652원	59,016원	52,045원	47,264원

출처: BC카드 빅데이터센터

만 65세 이상 기준 이용 금액별 분포도

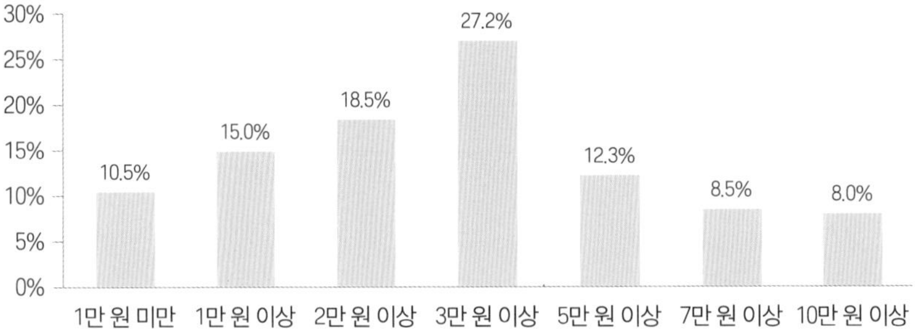

출처: BC카드 빅데이터센터

록 휴대전화 이용 요금이 낮아질 확률이 높다.

이를 확인하기 위해 BC카드 데이터를 통해 연령대별 통신 요금의 분포를 살펴봤다. 20대 평균 결제금액이 10만 원대로 가장 높고, 나이대가 올라갈수록 휴대전화 요금의 평균 결제금액은 점차 줄어들었다. 20대의 이동통신 요금이 70~80대보다 2배가량 높게 나타났다.

복지 혜택의 기준이 되는 만 65세 이상의 경우 이용 금액은 3만 원에서 5만 원 사이에 가장 많이 분포되어 있다. 3만 원 미만 금액도 44%로 그 비중이 꽤 높았으며 그중 1만 원 미만 분포는 무려 10.5%를 차지하는 것으로 나타났다.

휴대전화 요금 사용자와 주민센터를 연결하다

보건복지부는 사회보장정보시스템 '행복e음' 서비스를 통해 숨겨진 위기 가구를 과학적으로 찾아내서 지원한다. 복지 사각지대를 발굴하기 위해 한국전력공사, 한국가스공사 등 17개 기관으로부터 단전·단수·건강보험료 체납과 같은 33종의 정보를 얻어 활용하는 시스템이다. 이를 통해 위기 징후가 있는 가구를 찾아내고, 지자체의 조사를 거쳐 위기 가구로 확인되면 정부에서 복지 서비스를 지원하거나 민간 복지단체와 연계해주고 있다.

이와 같은 제도에 연령대별 휴대전화 요금의 분포를 활용하는 방법이 있다. 65세 이상 노년층 중에서 휴대전화 요금이 1만 원 미만(10.5%)에 해당하는 경우 취약계층일 것으로 예상하고 이들에게 복지 혜택 대상자임을 알리는 것이다. BC카드 이동통신 요금 결제 데이터뿐만 아니라 이동통신 3사 전체 데이터는 이 과정에서 큰 도움이 될 수 있다. 1.1%의 긴급재난지원금 미수령자에서 시작된 아이디어지만, 서로 다른 작은 데이터들이 모이면 큰 힘을 발휘한다. 다양한 데이터의 결합과 세심한 분석이 제도권에서 소외된 이들을 찾아낸 것처럼 눈에 잘 띄지 않는 사업 아이템을 끄집어낼지도 모를 일이다.

이 데이터 누가 사용할까?

행정안전부, 지자체, 예비 창업자

- 행정안전부의 복지 서비스 기획
- 복지 서비스를 실행하는 지자체의 복지 다양화를 위한 타깃 설정
- 예비 창업자의 데이터 결합 방식을 통한 사업 아이템 구상

이 데이터 어디서 찾았을까?

- 이동통신 3사, 통신 요금 데이터
- BC카드, 통신 요금 결제 내역

23

소비 데이터로 설문조사를 더 정확하게

시장이 변하는 속도만큼 소비자의 마음도 빠르게 변한다

빠르게 변하는 시장에서 고객 피드백을 신속하게 수집하는 것은 매우 중요하다. 고객이 느끼는 불편함과 니즈를 빠르게 파악해서 이를 해결할 수 있는 서비스를 제공하는 것이 비즈니스의 핵심이기 때문이다. 이에 따라 기업이나 공공기관들은 다양한 방식의 설문조사를 통해 자사 상품이나 서비스를 이용하는 사용자의 반응과 의견을 확인하는 데 많은 시간과 비용을 들이고 있으며, 고객 피드백을 효율적으로 확보하는 방법을 찾기 위해 노력하고 있다.

이러한 설문조사의 수요를 지원하기 위해서 여러 리서치 회사들이 요청 기관을 대신하여 조사를 시행하고 결과를 분석해서 제공하고 있다. 리서치 회사들은 요청 기관의 다양한 요구에 기민하게 답하기 위해서 대상 상품이나 서비스에 대해 다양한 관점에서 의견을 제시할 수 있는 소비자들을 설문조사 패널로 모집하여 운영한다. 이때 더 많은 소비자를 모으기 위해 현금처럼 교환하여 사용할 수 있는 포인트나 적립금을 설문조사에 응하는 대가로 제공하는 경우가 많다.

그런데 설문 요청 기관의 상품이나 서비스를 이용하지 않으면서도 설문 참여에 따른 대가를 획득하고자 설문에 응답하는 불성실 패널이 종종 발생한다. 이러한 경우에는 비용을 지급하면서까지 어렵게 얻은 소비자의 피드백임에도 그 가치가 훼손될 수밖에 없다.

불성실한 응답에 따라 잘못된 분석이 도출되는 위험을 미리 제거하기 위해 패널로 가입하는 고객들에게 동의를 받아 이들의 결제 데이터를 활용하면 설문조사 대상을 실제 구매 경험이 있는 소비자로 필터링하여 선별할 수 있다. 또한 설문 의도에 대한 이해가 요청 기관과 응답자가 크게 다르거나, 응답자의 기억마저 정확하지 않아서 잘못된 설문 대상이 선정되는 경우가 있다. 이와 같은 타깃 선정 과정에서 발생하는 오

설문 참여자와 리서치 회사의 작동 구조

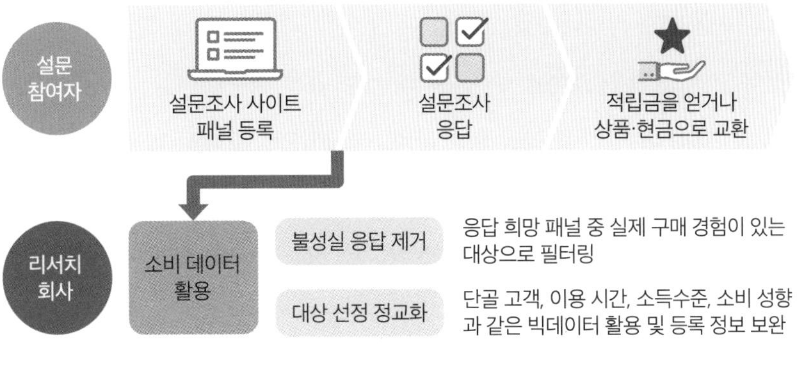

설문조사를 진행할 때 결제 승인 안내 문자나 알림 톡 등에 설문 참여를 독려하는 문구를 삽입하면 참여자의 빠른 응답과 생생한 피드백까지 정확하게 받을 수 있다.

류도 단골 고객인지에 대한 여부와 이용 시간과 같은 가맹점 결제 이력, 고객 소득수준, 그리고 소비 성향 데이터를 확보하여 설문 응답을 보완함으로써 줄일 수 있으며 결과적으로 설문조사의 불확실성을 크게 낮출 수 있다.

데이터 활용이 최적화된 모바일 세상

이와 같은 방식의 빅데이터 활용은 모바일 설문조사 방식에 더욱 효과적이다. 소비자가 물건과 서비스를 이용하자마자, 즉 구매 경험에 따른 고객의 기분과 느낌이 아직 생생할 때 모바일 채널을 통해 즉시 소통함으로써 고객 의견을 그대로 수집·분석할 수 있기 때문이다.

예를 들어 고객이 상품이나 서비스를 카드로 결제하고 받는 승인 안내 문자 메시지, 알림 톡 등에 설문 참여를 독려하는 문구를 포함하여 설문을 진행하면, 고객이 설문 요청 기관의 상품이나 서비스를 경험한 즉시 응답할 수 있을 뿐만 아니라 설문에 대한 관심도가 높아져서 보다 적극적으로 조사에 참여하게 된다. 높은 참여율은 물론 생생하기까지 한 고객 피드백을 빠르고 정확하게 받아볼 수 있는 것이다.

고객 만족은 비즈니스의 성공과 직결된다. 매출 확대와 이익 신장의 핵심 열쇠를 고객이 들고 있기 때문에 고객의 구매·이용 경험 만족도, 상품·서비스의 반응 및 선택 이유를 정확히 파악하도록 노력해야 한다. 소비(결제) 데이터는 이러한 노력에 상응하는 최적의 방법을 찾아준다. 이는 고객의 목소리에 귀 기울이는 최적의 방법이기도 하다.

이 데이터 누가 사용할까?

리서치 회사, 상품·서비스 제공 설문조사 요청 기관

- 리서치 회사, 고객 설문조사 대행사, 설문조사 시행 기관의 특정 업종, 특정 브랜드의 상품·서비스를 이용한 회원 중 설문 대상자 선별
- 리서치 회사, 고객 설문조사 대행사, 설문조사 시행 기관의 소비(결제) 데이터를 활용하여 설문을 진행함으로써 정확한 설문 결과 도출
- 상품·서비스 제공 기업, 공공기관, 설문조사 의뢰 기관의 저렴한 비용으로 고효율 타겟팅 기준 설정
- 상품·서비스 제공 기업, 공공기관, 설문조사 의뢰 기관의 정교한 타겟팅을 통해 선별된 소수 고객 설문 진행

이 데이터 어디서 찾았을까?

- BC카드, 결제 정보를 활용한 소비 데이터
- SDK Software Developmet Kit, 웹 크롤러 web crawler

BIG DATA

PART 3

주거

24

가계 경제의 진짜 위기는 관리비로 드러난다?

가계 경제의 위기가 가장 먼저 드러나는 곳

국가나 기업의 신용을 평가하는 신용평가사가 방송이나 인터뷰에서 신용평가 등급을 관리하는 방법에 대해 이야기하는 것을 종종 볼 수 있다. 이들의 말에 따르면 신용평가에 영향을 주는 항목은 긍정적 반영 요소와 부정적 반영 요소로 나뉜다[7]. 금융거래 중 연체를 하는 경우는 부정적 반영 요소로 분류되고, 통신 공공요금을 성실하게 납부한 실적은 긍정적 반영 요소로 분류되는 식이다.

긍정적 반영 요소의 경우 주거래은행을 정해 자기 명의로 꾸준히 금융거래 실적을 쌓고, 해당 은행을 통해 급여 이체, 공과금과 카드 대금 납부, 자동이체와 같은 거래가 집중적으로 이뤄지도록 하면 신용등급에 유리하다. 이는 개인이 스스로 신용등급을 올리기 위한 방법이기도 하

관리비 자동이체를 신청한 사람들의 평균 신용등급은 1~4등급인 반면, 자동 납부를 하지 않는 그룹은 5등급 이하로 나타난다.

다. 또한 국내 신용평가사는 신용평가 포털 사이트에 본인의 통신, 공공요금, 국민연금, 건강보험료, 아파트 관리비, 국세청 소득 증명을 제공하면 신용 점수에 반영해주는 서비스를 제공하고 있다.

그렇다면 가계 경제가 나빠졌을 때 사람들은 어떤 항목을 가장 먼저 연체할까? 신용등급에 자동으로 반영되지 않으면서 금액대가 상대적으로 높은 아파트 관리비를 연체할 확률이 높다.

실제로 2월 코로나19가 확산하기 시작한 이후 가계 경제가 위기를 맞으며 두 달 연속 임대료와 관리비를 연체한 임차인에게 명도소송을 하고자 법적 자문을 구하는 임대인이 늘었다[8]고 한다. 많은 사람이 가계 경제에 타격을 받을 때 임대료와 관리비를 미납한 것이다. 특히 아파트 관리비 미납은 가계 경제의 위기를 암시하는 신호가 될 수 있어 대안신용평가 데이터로 활용하기에 적합하다.

관리비 미연체자의 신용은 믿을 수 있는가

국내 신용평가사가 건강보험료나 공공요금과 같은 결제 내역을 개인의 신용 점수에 반영하도록 서비스를 운용하는 것은 비록 소액이라도 미납 없이 꾸준하게 납부하는 사람의 신용점수는 올려야 한다고 판단한 결과일 것이다.

실제 BC카드 관리비 자동 납부 그룹의 신용등급 평균은 3.44등급, 관리비를 자동으로 납부하지 않는 그룹의 신용등급 평균은 4.37등급으로 두 그룹 간에 차이가 있다. 관리비 자동 납부 그룹과 관리비 자동 납부를 신청하지 않은 그룹의 신용등급 비중에도 차이가 매우 크다. 관리비 자동 납부 그룹에 1~4등급 비중이 높고 관리비 자동 납부를 하지 않는 그룹은 5등급 이하에 주로 분포되어 있는 것으로 나타났다.

최근 비금융 데이터를 반영해 신용평가 점수를 재산정하거나 이를 기반으로 한 신규 금융상품들이 주요 혁신금융 서비스 사례[9]로 발표되고

관리비 자동 납부에 따른 신용등급 분포(2020년 11월 기준)

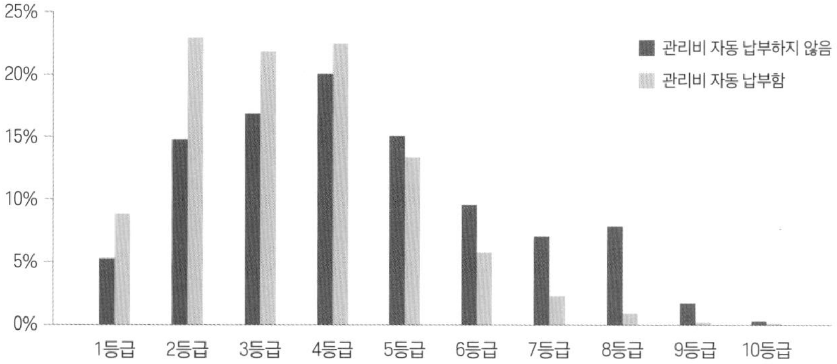

출처: BC카드 빅데이터센터

있다. 케이뱅크는 KT의 통신정보를 반영한 신용평가 시스템을 통해 대출 실적이나 신용카드 사용 내역과 같은 금융 거래가 없는 고객에게 대출을 실행하고 있고, 우리은행, NH농협은행도 통신사 이용 내역을 활용해 소액 대출 상품을 출시해 판매 중이다.

제1금융권의 소액 대출 서비스조차 이용이 어려운 주부나 사회 초년생의 경우 200~300만 원의 생활 자금 조달을 위해 고금리 대출을 받곤 한다. 관리비를 꾸준히 납부했다는 것을 그동안 철저히 생활비를 관리해왔다는 증명으로 여겨 이를 신용평가 모델링에 적용한다면, 보다 다양한 계층의 사람들이 급전이 필요한 순간에 과도한 이자를 감내하지 않고도 대출을 통해 적절한 생활 자금을 마련하는 서비스가 가능해질 것이다.

이 데이터 누가 사용할까?

소액 대출 사업자, P2P 업체

- P2P 업체의 관리비 납부 내역을 활용한 신용평가 서비스 제공
- 소액 대출 사업자의 신용평가 보조지표 활용

이 데이터 어디서 찾았을까?

- 기웅정보통신, 관리비 미납 내역

25

아파트 전기료가 알려주는 부동산 가격

부동산이 움직이는 곳에 몰리는 상권

서울 부동산 투자자들이 강원도로 몰려들고 있다. 한 아파트 시장 분석 업체가 한국감정원의 아파트 거래 현황을 분석한 결과, 2019년 1월부터 12월까지 서울 거주자가 사들인 강원도 내 아파트가 2,372건에 달해 지방 아파트 가운데 가장 많이 매입[10]한 것으로 나타났다. 외지 투자자층 유입이 증가함에 따라 부동산 거래 시장이 활기를 띠면서 브랜드 아파트 분양사가 공급을 지속해서 늘려나가고 있다. 이에 분양 가격이 점점 상승하는 것은 물론 동시에 강원도 전 지역의 부동산값이 들썩이는 중이다.

일반적으로 특정 지역에 아파트가 많이 공급되고 부동산 가격이 상승하는 등 투자가 발생하면 자연스럽게 해당 지역에 상권이 형성된다. 이에 따라 지역 소상공인들의 장사가 활성화되고 매출 및 소득이 증가하면서 지역이 균형 있게 발전하는 단초가 된다.

미국 하버드 대학교 경영대학과 뉴욕시가 지역 기반 맛집 추천 소셜 앱 엘프Yelp 데이터를 활용하여 스타벅스 입점과 집값의 연관성을 조사한 바 있다. 이들은 스타벅스가 입점한다는 변수가 그 인근 집값 변동의 변수를 얼마나 잘 설명하는지를 확인하기 위해 '결정계수'를 기준으로 분석했다.

결정계수는 두 변수의 관계를 설명하는 상관관계를 제곱한 값으로, 결정계수가 1에 가까울수록 두 변수의 관계가 높다는 것을 의미하고, 0일 경우 두 변수의 관계를 전혀 설명하지 못한다고 해석한다. 일반적으로 0.2가 넘는 경우 두 변수의 연관성이 존재한다고 판단된다.

그 결과 스타벅스의 입점이 인근에 카페, 바, 레스토랑과 같은 여러 업종의 개업을 유도하는 요인으로 작용해 스타벅스 입점 지역(우편번호 기준) 집값이 1년 안에 0.5% 상승하는 데 영향을 미친 것으로 확인됐다. 즉, 부동산 가격의 변동을 상권 활성화 정보로 파악할 수 있는 것이다.

부동산 투자 관점에서 뜨거운 관심을 받았던 속초 지역의 신규 아파

지역별 스타벅스 입점에 따른 집값 연간 상승률(뉴욕시, 2012~2016년 기준)

	A 지역	B 지역	C 지역	D 지역	E 지역	F 지역
집값 상승률	53.6%	17.1%	20.6%	53.5%	2.0%	25.0%
입점 연관성 (결정계수)	0.240	0.372	0.256	0.157	0.211	0.171

출처: 하버드비즈니스스쿨, 뉴욕시

상존 인구와 상권, 부동산값의 순환구조

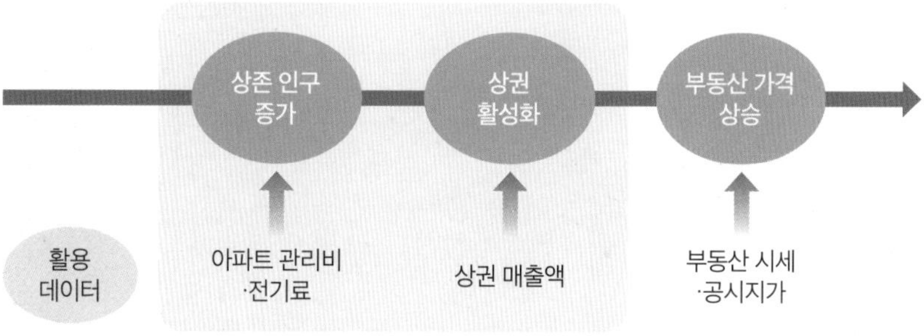

출처: BC카드 빅데이터센터

트 분양 단지 또한 외지 투자 수요가 몰리면서 지역 경제 발전에 도움이 될 것으로 많은 기대를 모았다. 하지만 이들 단지는 밤만 되면 불 꺼진 빈집으로 캄캄하다. 해당 지역 아파트에 상주하는 거주자가 많지 않아 주거지 상권 또한 기대만큼 발달하지 않았다. 따라서 지역의 상권 부동산 투자 매력도를 판단할 때 단지 얼마나 많은 세대가 분양됐는지, 청약 경쟁률은 얼마나 되는지 파악하는 것보다 실제 대상 지역에 근로 또는 거주를 목적으로 머무는 인구가 얼마나 많은지, 즉 '상존 인구'의 규모를 파악하는 것이 중요하다. 상존 인구의 증감은 경제활동 인구의 증감을 의미하며, 부동산 투자 매력도에 가장 중요한 영향을 미치는 요인 가운데 하나다. 상존 인구가 증가하는 것과 상권이 활성화되고 부동산 가격이 상승하는 현상의 순환고리에 활용할 수 있는 데이터들이 숨어 있다.

상존 인구를 쉽게 확인할 방법은 없을까? 먼저, 아파트 관리비 · 전기료가 증가하는 현상은 실제 해당 아파트에 거주하는 구성원 수가 늘어났음을 의미한다. 따라서 다음 표와 같이 아파트 관리비 · 전기료 데이터가

창업지를 선택할 때 중요한 것은 아파트 거래 건수보다 실제 주거하는 상존 인구수다. 상존 인구를 알아보는 바로미터가 전기요금 데이터다.

증가한 경우 해당 아파트가 위치한 지역의 매출이 함께 증가하는지를 확인해보면 순환고리의 첫 번째 단계를 증명할 수 있다.

지난 4년간 1~3분기 전국 시·군·구별 아파트 관리비·전기료 연평균 증감률이 가장 높게 나타난 세종시, 서귀포시, 화성시, 나주시 등 상위 15개 지역 가운데 11개 지역 상권에서 같은 기간 매출액이 상승한 것으로 나타났다. 아파트 관리비·전기료가 증가한 15개 지역 수를 100%로 가정할 때 그중 매출액이 증가한 지역 수 비중이 73.3%에 달한다. 대상 지역을 상위 30개 지역으로 확대한 경우, 두 변수가 모두 증가한 지역의 비중은 63.3%로 상위 15개 지역에 비해 다소 낮게 나타났으나 여전히 높은 수준으로 지역별 아파트 관리비·전기료와 매출액 사이에 상당한 관련이 있다고 볼 수 있다.

물론 2020년에는 상존 인구 외에도 코로나19라는 외적 변수가 상권

아파트 관리비·전기료와 상권 매출액 분기별 증감률(2019년 기준)

	(A) 아파트 관리비·전기료 증가율	(B) 가맹점 매출액 증감률	**구분** (A), (B) 모두 0보다 크면 O 한 항목이라도 0보다 작으면 X
세종특별시	22.5%	3.3%	O
서귀포시	13.1%	-0.7%	X
화성시	11.8%	7.1%	O
나주시	11.4%	2.2%	O
하남시	11.1%	5.5%	O
김포시	11.1%	4.3%	O
평택시	10.8%	-0.4%	X
통영시	10.1%	-0.2%	X
광주시	9.0%	2.3%	O
시흥시	8.7%	3.3%	O
공주시	8.6%	5.5%	O
서산시	7.7%	0.9%	O
남양주시	7.2%	2.3%	O
안성시	7.1%	0.8%	O
제천시	6.7%	-1.3%	X

출처: 기웅정보통신, BC카드

특성마다 상이한 영향을 미쳤다. 서귀포시와 제주시, 통영시는 외국인 관광객이 감소했고, 경기 평택시는 외국인 근로자가 감소했으며, 대학 상권 의존도가 높은 충북 제천시는 대학생 손님의 급감으로 이어졌다. 그럼에도 아파트 관리비·전기료와 상권 매출액 사이에 높은 연관성이 나타났다는 점에서 해당 데이터를 통해 지역의 상존 인구를 충분히 파악할 수 있다.

일상생활과 밀접하지만, 기계적으로 납부하고 지나치게 되는 아파트 관리비·전기료를 활용해 지역 상권이 갓 형성되는 시점이나 활성화가 시작될 무렵을 미리 파악해보자. 어느새 투자하고 싶은 부동산 지역이 눈에 들어올 것이다.

이 데이터 누가 사용할까?

부동산 투자자, 프랜차이즈 본사, 창업하고자 하는 소상공인

- 개인, 기업 부동산 투자자의 투자 매력도 예측을 통한 부동산 투자 수익 창출 또는 원활한 임차인 모집
- 소상공인, 프랜차이즈 사업자의 낮은 임대료로 활성 상권 조기 진입을 통한 사업 성공 가능성 확장

이 데이터 어디서 찾았을까?

- 기웅정보통신
- BC카드, 지역별·업종별 가맹점 매출 데이터
- 한국감정평가사협회
- 부동산114, '시세'
- 국토교통부, '면적당 공시지가'

26

늘어가는 쓰레기, 더 나은 처리 방법은 없을까?

소비와 쓰레기의 관계

"수요일은 종이류 내는 날, 금요일은 재활용 쓰레기 내는 날" 아파트 분리수거장 한쪽에 붙어 있는 분리수거일 공지는 이사 후 가장 먼저 찾아보는 공지 중 하나일 것이다. 우리는 수많은 소비를 하고 그 소비의 결과로 수많은 쓰레기를 만들어낸다. 실제로 소비가 쓰레기 배출로 이어진다고 가정하면 소비량을 분석해 쓰레기의 배출량도 예측할 수 있을 것이다.

코로나19는 재활용 쓰레기에도 영향을 미쳤다. 일반적으로 재활용 쓰레기의 수거는 지자체가 일반 주택가와 상가, 100가구 미만 소규모 아파트 단지의 쓰레기 및 재활용품 전체와 아파트 단지의 일반 쓰레기만 처리해왔다. 반면 대규모 아파트 단지의 재활용품 쓰레기는 아파트 단지와 계약한 민간 수거업체가 처리를 맡았다.

그런데 코로나19의 여파로 재활용 쓰레기의 수출길이 막히고 국제 유가가 하락하면서 재활용 쓰레기 가공을 통한 민간 수거업체들의 이윤이 줄어들자 재활용 쓰레기 선별장과 수거업체에 쓰레기들이 쌓여가고 있다. 쓰레기 수거에 큰 노력과 힘이 필요하지만 날이 갈수록 배달음식, 일회용품, 택배 이용이 증가하면서 쓰레기는 더 많이 발생한다. 지자체에서는 지금과 같은 현상이 지속되면 쓰레기 대란으로 이어질 수 있다고 우려하고 있다.

지역별 재활용품 스코어

BC카드에서는 144개의 온라인 상품 품목 정보를 보유하고 있다. 예를 들어 옷을 샀다는 것에 그치는 것이 아니라, 여성 의류, 더 세부적으로 여성 스커트를 샀다는 것까지 해당 정보를 통해 알 수 있으며, 그 카테고리는 196개에 달한다. 여기에 카드 소비 데이터와 고객의 속성 정보를 결합하면 쓰레기 배출량뿐만 아니라 값어치 있는 재활용품이 어디에서 나올지도 추측할 수 있다. 보통 민간 수거 업체에 수익이 되는 재활용품은 의류와 가전제품이라고 한다. 제품의 구매와 쓰레기 배출이 완벽히 일치하지는 않으나, 특히 가전제품의 경우 일반적으로 구매에 이어 기존 보유하던 제품의 배출로 이어지는 행태를 보일 때가 많다. 이 정보를 기반으로 최근 일반 주택가 중에서 의류와 가전제품을 온라인으로 구매하는 경우가 상대적으로 많고 온라인 구매 전체 건수가 많은 곳에 높은 점수를, 반대인 곳은 낮은 점수를 주는 방법으로 일종의 지역별 재활용품 스코어를 만들 수 있다. 재활용품 분포가 많을수록 색을 짙게 표시해보

값어치 있는 재활용품의 분포 현황

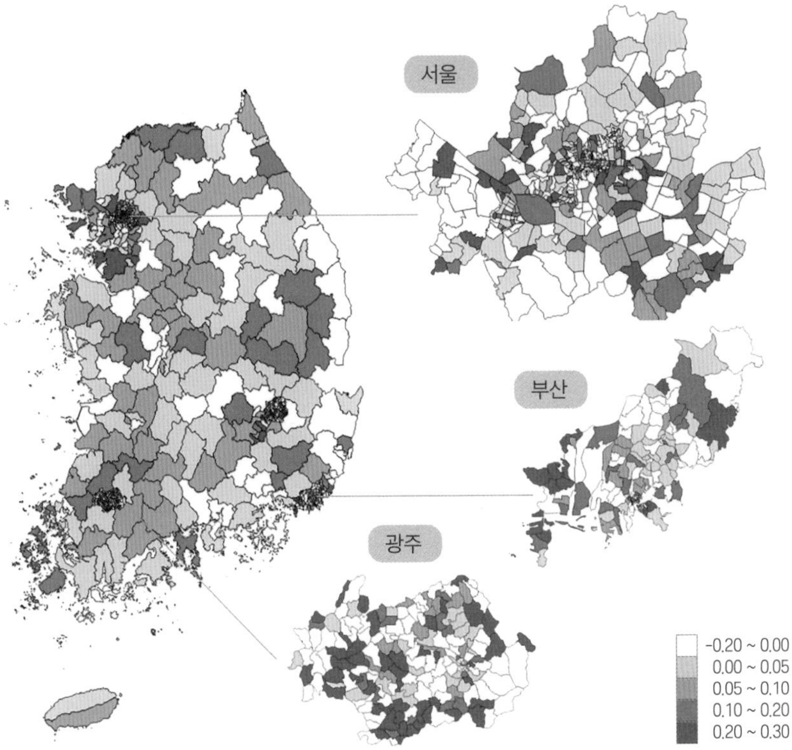

출처: BC카드 빅데이터센터

니 역삼동과 논현동을 포함하는 강남구와 신촌동과 연희동을 포함하는 서대문구에 그 분포가 높은 것으로 나타났다.

재활용품 스코어를 활용하면 민간 수거 업체의 수익도 높이고, 쓰레기 대란을 막을 새로운 방법을 제안할 수 있다. 예를 들어 지자체에서 민간 업체에 스코어 정보를 제공하여 스코어가 높은 일반 지역의 재활용품 쓰레기 수거를 유도하거나 반대로 스코어가 낮아 쓰레기 수거의 어려움이 예상되는 지역으로 지자체가 직접 수거에 나서서 쓰레기 대란이 일어나는 것을 막는 것도 방법이다. 또한 민간 수거 업체 입장에서는 동일한 시간과 인력을 투자해 더 큰 수익을 올릴 수 있으니 일거양득이다.

세계 최대 폐기물 수입국이던 중국이 환경 문제로 폐자재 수입을 거부했다. 지금뿐만 아니라 미래를 위해서라도 국내에서 자체적으로 재활용 쓰레기를 처리하는 방안을 고민해야 한다. 아파트 단지와 민간 수거 업체 간의 상생 방안 등 다양한 논의가 오가는 지금, 우리가 생각하지 못한 데이터가 답을 제공해줄 것이다.

이 데이터 누가 사용할까?

쓰레기 수거업체, 지자체

- 쓰레기 수거업체의 수익성 증대
- 지자체의 쓰레기 매립 지역 추정과 같은 정책 의사 결정의 보조 데이터

이 데이터 어디서 찾았을까?

- 카드사, 온·오프라인 매출 데이터
- BC카드, 온라인 상품 품목 데이터
- 기웅정보통신, 아파트 가구 데이터

27

데이터는 내게 딱 맞는 주거 지역을 알고 있다

우리동네는 무슨 세권?

주거 환경에 관심이 있는 사람이라면 '슬세권', '역세권', '숲세권', '학세권', '몰세권' 등 신종 세권에 대한 이야기를 한 번쯤 들어봤을 것이다. 많은 사람의 관심이 집중되고 있음을 증명이라도 하는 듯 주거와 관련된 신조어가 지속해서 생겨나고 있다. 특정 주거 스타일이 반영된 세권들이 우후죽순으로 나타나는 현상은 사람들이 주로 선호하는 주거 특성이 몇 가지로 정해져 있기 때문일 것이다.

신혼부부라면 생활 방식에 따라 역세권 또는 '슬세권'을, 어린 영유아를 자녀로 둔 부부라면 '숲세권', '파세권(공원park과 세권의 합성어)'을, 자녀가 학교에 가야 하는 나이라면 '학세권'을 선호할 것이다. 하지만 일반인들이 다양한 부동산·공공·생활 데이터에 접근하여 종합적인 인사이트를 발굴하는 것은 결코 쉬운 일이 아니다. BC카드가 보유한 가맹점 업종 데이터 및 다양한 공공·생활 데이터를 활용하면 주거지를 어디로 결정해야 할지 고민하는 사람들에게 도움이 될 것이다.

BC카드가 운영하는 금융 빅데이터 플랫폼은 한국감정평가사협회에서 제공하는 지역별 주택 매매가뿐만 아니라 지역별 인프라, 생활 시설, 교육과 관련된 다양한 데이터를 보유하고 있다. 이 데이터들을 융합해 활용하면 지역별 특징을 파악하는 용도로 각 세권을 선별할 수도 있다.

데이터로 내가 살 곳을 정해보자

여러 세권 중 특히 최근 1인 가구의 증가로 주목받는 '슬세권'과 가구 유형 중에서도 큰 비중을 차지하는 청소년 자녀에 대한 교육 의욕이 높은 3040 가구가 궁금해할 '학세권' 데이터를 위주로 살펴보도록 하자.

서울시 '슬세권' 예상 지역(2020년 8월 기준)

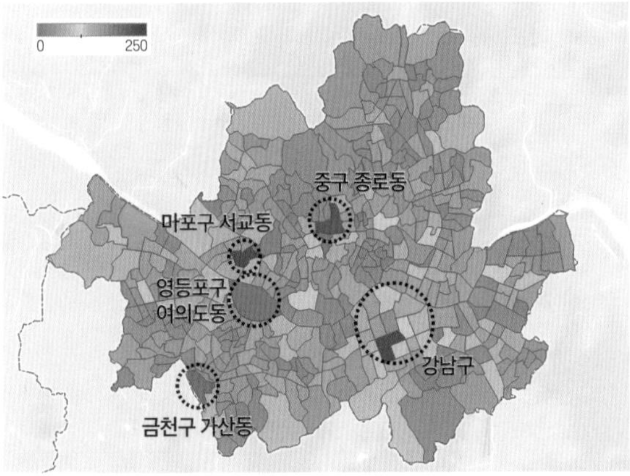

출처: BC카드 빅데이터센터

'슬세권(슬리퍼와 세권의 합성어)'은 슬리퍼로 이동 가능한 범위 내 상권을 의미한다. 슬세권 대표 주자인 편의점의 위치 정보를 활용해 편의점 분포를 시각화하여 해당 세권이 발달한 지역을 예측할 수 있다. 편의점이 다수 분포되어 있는 곳은 짙은 붉은색 표시가 된 지역으로 강남구 역삼동, 마포구 서교동,

종로구 종로, 금천구 가산동, 영등포구 여의도동에 포함된 행정동이 눈에 띈다. 지역별 원룸 거래가와 함께 살펴보면 동네 소비를 즐기는 1인 가구가 주거 지역을 정하는 데 좋은 자료가 될 수 있다.

'학세권(학교와 세권의 합성어)'은 거주지 인근에 학교나 학원, 유치원과 같은 교육 시설이 밀집해 있는 상권을 말한다. 한국감정평가사협회가 보유한 공공 데이터 중에서 학교와 학원의 분포가 높은 지역을 시각화하여 서울시 지역구별로 살펴봤다. 아래의 서울시 지도에서 파란색이

서울시 '학세권' 예상 지역(2020년 8월 기준)

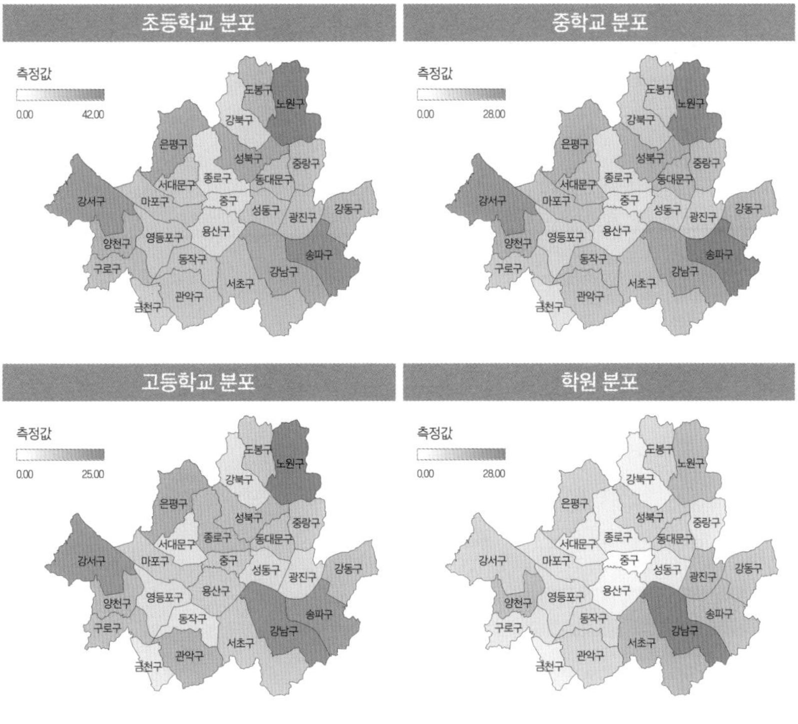

출처: BC카드 빅데이터센터

짙을수록 학교와 학원이 밀집되어 있다는 의미다. 대체로 강남구와 강서구, 노원구의 색깔이 짙게 나타났는데 초·중·고등학교와 학원마다 각각 조금씩 다른 결과를 보였다. 자녀가 있으며 다음 거주지를 어디로 선택해야 할지 기로에 놓인 3040 가구의 경우 자녀의 연령에 따라 위 자료를 참고하여 지역구를 선별할 수 있을 것이다.

그뿐만 아니라 개인별로 선호하는 업종만 모아 시각화할 수도 있다. 개인의 생활습관이나 특성에 따라 간편하게 장을 보기 좋은 할인마트가 본인에게 가장 유용한 장소일 수도, 음식점이나 술집·카페가 반드시 집 인근에 자리해야 할 수도 있다. 할인마트부터 카페까지 각 상권이 발달한 동네를 데이터로 확인하면 살고 싶은 곳의 윤곽이 드러날 것이다.

개인의 공간은 그 어떤 장소보다 중요하다. 주거 지역을 정할 때 이와 같은 데이터를 활용하여 선택의 폭을 줄여보는 것은 어떨까?

이 데이터 누가 사용할까?

부동산 투자자, 이사 계획 가구

- 부동산 투자자의 참고 지표
- 이사를 계획하고 있는 가구의 정보 획득

이 데이터 어디서 찾았을까?

- 한국감정평가사협회, 학교 정보
- 한국감정평가사협회, 소상공인 데이터

28

다둥이네가 많은 곳에 숨은 마케팅

아이가 여럿, 살림살이 괜찮을까

아이를 키우며 일을 병행하는 일명 '워킹맘'은 마음과 몸이 밤낮없이 바쁘다. 그리고 늘 경제적인 불안에 쫓긴다. 주거 비용을 비롯해 유아용품이나 식품 비용, 교육 비용과 같이 말 그대로 숨만 쉬어도 돈이 나가기 때문이다. 서울시 아파트 매매가가 사상 최고점을 찍으면서 최근 한국경제 연구원은 〈주거 유형이 결혼과 출산에 미치는 영향〉이라는 보고서를 발표했다. 이들은 주거 유형과 결혼 출산 간 인과관계를 분석해 월세 거주자가 자기 집이 있는 사람에 비해 결혼 가능성이 65%가량 낮고 자녀 출산에도 영향을 미쳐 무자녀 가구가 첫째 아이를 낳을 확률 역시 약 56% 감소한다는 결과[11]를 내놓았다.

이는 자녀 출산이 주거 비용과 밀접한 관계가 있다는 것을 말해준

다자녀 가구 비중 상위 10순위(2020년 기준)

다자녀 가구수 상위 10순위	광역시도	시군구	읍면동	지역 아파트 매매가 평균 이상 여부	자가 비중	다자녀 비중
1	전라남도	목포시	연산동	0	0.7%	17.3%
2	서울특별시	서초구	우면동	1	14.1%	17.3%
3	광주광역시	광산구	장덕동	1	99.1%	16.0%
4	충청남도	천안시	신방동	1	91.2%	14.9%
5	충청남도	천안시	청당동	1	0.4%	14.7%
6	충청남도	천안시	청당동	1	89.5%	14.6%
7	전라북도	전주시	효자동2가	1	91.6%	13.9%
8	서울특별시	마포구	상암동	0	11.2%	13.8%
9	제주특별자치도	제주시	이도2동	1	12.8%	13.7%
10	충청남도	천안시	신방동	1	85.7%	13.0%

출처: 기웅정보통신

다. 그렇다면 아이를 한 명이 아닌 두 명 이상 낳은 가구는 경제적 여유가 있고 자가를 보유한 걸까? 아니면 자기 집이 없더라도 주거 비용이 상대적으로 낮아 안정적인 지역에 거주하는 가구일까?

두 명 이상의 아이와 함께 활동할 만한 공간이 있다면

이를 확인하기 위해 먼저 전국 200가구가 넘는 아파트 중 다자녀 가구의

다자녀 가구 비중 하위 10순위(2020년 기준)

다자녀 가구수 하위 10순위	광역시도	시군구	읍면동	지역 아파트 매매가 보다 높음	자가 비중	다둥이 비중
1	서울특별시	마포구	대흥동	0	14.5%	0.0%
2	서울특별시	강남구	역삼2동	0	9.5%	0.0%
3	서울특별시	강남구	역삼1동	0	23.3%	0.0%
4	서울특별시	서초구	서초3동	0	21.8%	0.0%
5	서울특별시	서초구	서초1동	0	15.9%	0.0%
6	울산광역시	남구	야음동	0	37.4%	0.0%
7	울산광역시	남구	야음동	0	35.2%	0.0%
8	전라남도	여수시	학동	0	14.6%	0.0%
9	전라북도	전주시	서신동	0	50.6%	0.0%
10	제주특별자치도	서귀포시	동홍동	0	19.3%	0.0%

출처: 기웅정보통신

비중이 상위 10순위를 차지하는 아파트들을 살펴봤다. 다자녀 가구 비중이 13% 이상인 아파트는 지역에 관계없이 전라남도 목포시, 서울 서초구, 광주 광산구, 충청남도 천안시 등 다양하게 분포되어 있다. 위 표에서 '지역 아파트 매매가 평균 이상 여부' 항목의 경우, 아파트 실거래 평균 금액이 해당 지역의 전체 아파트 매매 실거래 평균 금액보다 높으면 1, 그렇지 않으면 0으로 표시했다.

조사 결과 상위 10개의 아파트 중 목포 연산동과 서울 상암동의 특

다자녀 여부에 따른 가구 소비 성향 비중

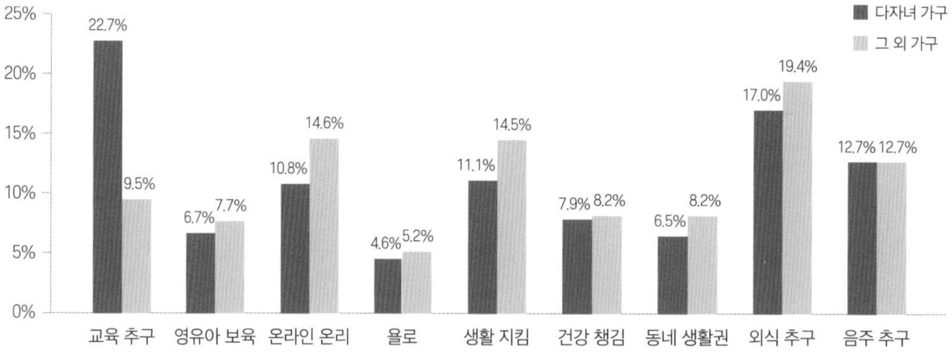

출처: BC카드 빅데이터센터

정 아파트를 제외하고 8개의 아파트 모두 해당 지역 내에서 아파트 평균 매매가보다 가격대가 높은 고가 아파트에 해당했다. 또한 극과 극의 결과를 보이기는 하나, 자기 집이 있는 가구 비중이 85.7%에서 99.1%까지 육박하는 아파트가 절반이라는 점에서 경제 능력이 갖춰진 가구가 다자녀를 보육할 가능성이 높다고 해석할 수 있다.

이는 다자녀 가구가 거의 살지 않는 하위에 분포한 아파트의 특징을 보면 더욱 극명히 드러난다. 다자녀 가구 비중 하위 10순위 내에 해당하는 지역의 아파트 매매가보다 높은 아파트는 존재하지 않고, 자가 비중 또한 그리 높지 않다. 특히 다자녀 비중이 0%에 가까운 아파트는 오피스텔형 아파트의 분포가 높다. 이러한 특성을 반영해 주거 유형과 자가 여부에 따라 차별화된 복지 정책을 제공한다면 가구 계획이나 실생활에 좀 더 현실적인 도움이 될 것이다.

그뿐만 아니라 다자녀 가구 여부에 따라 소비가 이루어지는 항목에 큰 차이가 있다. 전국 다자녀 가구에 따른 가구 소비 성향 9개의 세그먼테이션 분포를 살펴봤을 때 다자녀 가구의 경우 그렇지 않은 가구에 비해 교육 추구 세그먼테이션의 분포가 22.7%로 2배 이상 높았다. 교육 관련 콘텐츠를 다루는 업체나 마케터는 이를 활용해 다자녀 가구가 많은 아파트를 공략할 수 있다. 학습지나 도서처럼 자녀에게 필요한 물품을 체험해볼 수 있도록 마케팅을 펼치거나 교육과 관련된 다양하고 새로운 콘텐츠를 적극적으로 소개한다면 다자녀 가구에는 직접 알아보기 어려운 정보를, 마케터에게는 긍정적인 성과를 얻을 기회가 될 것이다.

이 데이터 누가 사용할까?

지자체, 교육 관련 콘텐츠 마케터

- 지자체의 각 가구 특성에 맞는 정책 기획
- 교육 관련 콘텐츠 마케터의 가구 특성에 맞는 교육 콘텐츠 및 학습지, 도서 홍보 마케팅

이 데이터 어디서 찾았을까?

- 기웅정보통신, 아파트 다자녀 세대수, 아파트 실거래 매매가, 전세가, 자가 여부 등
- BC카드, 가구 소비 성향 세그먼테이션

29

아파트마다 기호 식단이 다르다?

아파트 생활에 이웃이란 무엇인가

서로 얼굴을 마주 보며 인사하고, 안부를 건네며 이웃 간의 소통으로 정이 넘치던 시기가 있었다. 시간이 흘러 21세기 정보화 시대에 들어서면서 비대면 문화가 급격하게 확산되기 시작했다. 이에 따라 주거의 형태가 바뀌고 아파트 생활에 익숙해지면서 점차 이웃과 더불어 사는 모습은 찾아보기 어려워졌다. 누구보다 가까이 사는 이웃이지만 일과 개인의 생활로 바쁜 오늘날 현대인에게 옆집의 생활을 파악하기란 쉬운 일이 아니다.

브랜드 아파트들이 부지기수로 생겨나고, 핵가족 형태의 세대가 구성되면서 더더욱 가족 단위로 뭉치는 현상이 가속화됐다. 하지만 이러한 흐름 속에서도 같은 아파트 단지나 한 동네에 사는 주민들은 누구이고,

어떻게 살고 있는지 때때로 궁금해진다. 특히 갓 입주하는 시점이라면 더욱 그럴 것이다. 또한 같은 아파트에 사는 또래는 생활 반경이 어떻게 되는지, 자녀가 있는 가구의 경우 본인들처럼 자녀를 둔 가구들은 얼마나 있고, 어떻게 생활하는지에 대한 정보는 호기심을 넘어 개인에게 도움이 되는 중요한 정보이기도 하다.

그 아파트에는 배달 오토바이가 매일 줄지어 있다

우리나라는 다른 나라에는 없는 전세라는 제도로 부동산 열기가 세계 어느 나라보다 뜨겁다. 이러한 전세, 매매 값을 잡기 위해 정부는 여러 정책을 쏟아내고, 실수요자와 투자자는 자신들이 생각하기에 가장 합리적인 값으로 집을 사기 위해 노력한다. 이러한 상황 속에서 부동산 전문가들은 흔히 부동산과 관련하여 지역마다 몇 급에 해당하는 입지인지에 대해 판단하는 급지별 순위가 있다고 말한다. 이는 입지와 학군, 가격, 커뮤니티, 시설과 같은 다양한 요소를 기반으로 형성된다. 해당 데이터는 자신이 사는 동네가 어디에 속하고, 한동네에 사는 사람들은 주로 어떤 소비를 하는지 살펴볼 자료로도 활용할 수 있다.

아파트별 매매 값과 카드 데이터를 분석해본 결과, 개인이 아닌 아파트 단지에 따른 선호 취향이 각기 다르다는 걸 알 수 있다. 오프라인 소비의 경우 매매 값과 각 아파트에 사는 주 연령대에 상관없이 음식에 소비하는 비중이 모두 가장 컸으나 2위와 3위는 의류 또는 식품으로 조금 달랐다. 온라인 소비의 경우 먹거나 마시는 것뿐만 아니라 앱을 통해 구매하는 다양한 물품 등을 포함한 배달 서비스가 공통으로 1위를 차지

아파트별 주 소비 업종 상위 3순위

● 오프라인

기준	20억대 아파트	15억대 아파트	10억대 아파트
주 연령대	40~50대	40대	30~40대
1위	음식	음식	음식
2위	의류	의류	식품
3위	식품	식품	의류

● 온라인

카탈로그	20억대 아파트	15억대 아파트	10억대 아파트
주 연령대	20~30대	20대	30대
1위	배달 서비스	배달 서비스	배달 서비스
2위	의류	OTT 서비스	OTT 서비스
3위	OTT 서비스	의류	의류

출처: BC카드 빅데이터센터

했다. 2위와 3위는 의류와 OTT 서비스 항목이 아파트별 주거 집단에 따라 엎치락뒤치락하는 것을 볼 수 있다.

이러한 자료는 이웃에 대한 호기심을 해결하고자 하는 주민에게만 유용한 것이 아니라 주변 상권 가맹점에서도 유용한 데이터로 활용할 수 있다. 배달 서비스는 모든 아파트에서 가장 높은 소비 성향을 보였는데 특히, 20억대 아파트 단지에서 타 지역 대비 월 소비 금액이 상대적으로 많았으며, 아파트별 월 소득을 추정해보니 경제적으로 여유로운 집단이

배달 서비스는 모든 곳에서 수요가 높다. OTT 서비스는 젊은 층과 중저가 아파트에서 인기가 많은 것으로 나타났다.

상대적으로 많은 편에 속했다. 특히 아파트 가격이 더 높은 지역일수록 패션에 대한 소비가 컸으며 상대적으로 금액이 저렴한 아파트 단지는 타 업종 대비 OTT 서비스에 크게 소비하며 개인의 소소한 즐거움을 추구하는 경향을 보였다. 아파트 수요자이거나 주변 상권에 관심이 있는 사람이라면 데이터를 통해 자신과 유사한 소비 성향을 보이는 이웃이 있는지, 아파트 주변에 발달해 있는 상권은 무엇인지 미리 알아볼 수 있다.

이 데이터 누가 사용할까?

개인, 유통업체, 보험업체, 카드업체

- 유통업체의 고객이 관심 갖는 혜택 업종 분석
- 보험·카드업체의 경쟁업체 시장 조사

이 데이터 어디서 찾았을까?

- BC카드 가구 소비 패턴 세그먼테이션 모델
- BC카드 온·오프라인 결제 정보

30

총알 새벽 배송 패턴에 숨겨진 마케팅 전략

띵동! 지난밤에 주문하신 샐러드가 도착했습니다

아침 7시에 전날 밤 주문한 샐러드와 빵이 도착했다는 알림을 받는 세상에 우리는 살고 있다. 2015년 한 스타트업이 시작한 신선식품 새벽 배송은 장보기의 패러다임을 바꿨다. 그들은 식재료부터 반찬, 음료, 반찬, 밀키트까지 자기 전 주문하면 다음 날 새벽 가지런히 포장해 현관문 앞에 가져다 놓는다. 빠른 배송이 소비자 온라인 쇼핑의 새로운 기준이 되자 유통 대기업뿐만 아니라 온라인 플랫폼까지 연이어 새벽 배송 시장에 뛰어들었다.

그 결과, 미래에셋대우 리서치센터 보도자료를 기반으로 추정했을 때 시장 규모는 2015년 100억 원에서 2019년 800억 원으로 4년 만에 8배가 성장했다.

신선식품 쇼핑몰, 누가 이용할까?

최근 신선식품을 판매하는 쇼핑몰이 그야말로 인기다. 신선식품 쇼핑몰을 이용하는 고객의 가구 유형별 비중을 살펴봤을 때, 10대 자녀를 둔 가족, 신혼부부와 영유아를 둔 가족, 그리고 1인 가구 순으로 많이 이용하는 것으로 나타났다.

최초 신선식품 쇼핑몰은 유기농과 친환경 전문으로 시장의 문을 열었다. 상대적으로 가격이 높더라도 품질을 보증하는 제품을 주로 판매하면서 어린 자녀를 둔 부모들의 안전한 먹거리에 대한 걱정과 요구를 공략했다고 볼 수 있다. 또한 그들은 1인 가구에 필요한 소포장 식재료와 다양한 샐러드, 간편식을 출근 전에 받아보는 편의를 제공하며, 20대 1인 가구부터 청소년 자녀를 둔 40대 가구(초·중·고 자녀 가구)까지 탄탄한

가구별 새벽 배송 이용 비중(2020년 6~8월 기준)

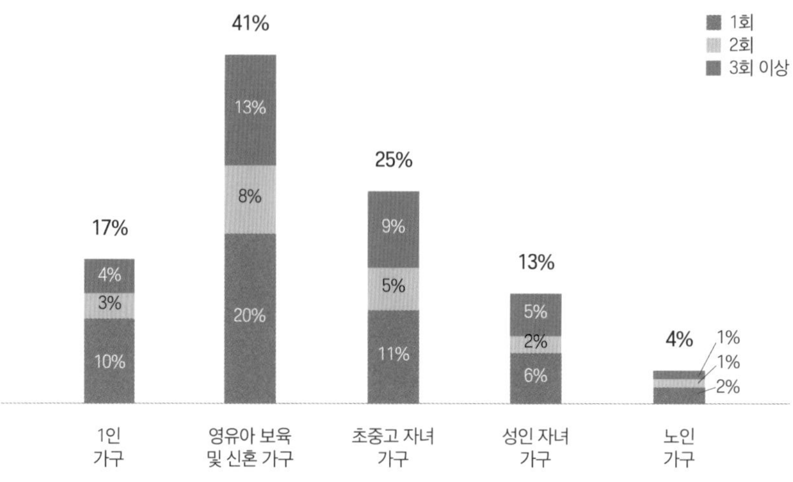

출처: BC카드 빅데이터센터

수요 고객층을 확보해나갔다.

뿐만 아니라 신선식품 쇼핑몰 이용 고객 중 32%는 최근 3개월간 3회 이상 해당 쇼핑몰을 이용한 충성도 높은 고객으로, 이들은 평균 2주에 한 번꼴로 신선식품을 구매했다. 주말마다 마트를 찾아 두 손 가득 먹거리를 사서 나르던 번거로운 활동을 새벽 배송이 대체하고 있음을 확인할 수 있는 대목이다.

2020년 6월부터 8월까지 3개월간 새벽 배송을 3회 이상 이용한 고객을 분석한 결과 신혼부부와 영유아를 둔 가구는 평균 약 11일에 한 번꼴로 가장 자주 신선식품 쇼핑몰을 이용하며, 1회당 구매하는 금액 또한 가장 많았다. 이에 비해, 1인 가구는 1회당 구매하는 금액이 가장 적은 것으로 나타났다. 이는 혼자 생활하며 수용할 수 있는 만큼의 소포장 식

가구별 새벽 배송 이용 주기 및 건당 결제금액 (2020년 6~8월 기준)

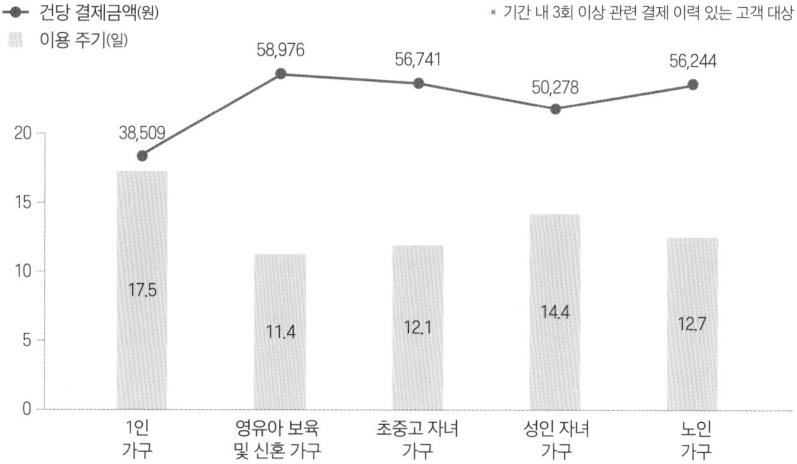

출처: BC카드 빅데이터센터

최초 신선 식품 쇼핑몰은 유기농과 친환경 제품을 내세워 어린 자녀를 둔 부모들의 걱정을 잠재우는 안전한 먹거리 전략을 펼쳤다. 신선 식품 쇼핑몰 이용 비중이 큰 1인 가구에는 소포장 식재료와 간편식이 인기다.

재료를 자주 사기 때문으로 해석할 수 있다. 성장기 자녀들의 식사와 간식을 챙기는 가구는 상대적으로 성인 자녀를 둔 가구나 노인 가구보다 한 번에 더 많은 양을 구매하는 것으로 나타났다. 이용 고객 비중뿐만 아니라 얼마나 자주, 많이 주문하였는지에 대한 관점에서도 새벽 배송의 주 고객층은 신혼부부, 영유아부터 청소년 자녀를 둔 가구라 할 수 있다.

1인 가구부터 어린 자녀들을 키우는 부모까지의 탄탄한 고객층과 한 번 구매할 때 큰 비용을 서슴없이 들이는 헤비 고객층까지 확보한 새벽 배송 시장의 향후 성장 가능성은 의심할 여지가 없다.

하지만 기업 입장에서 새벽 배송은 주문 후 짧게는 8시간 안에 소비자에게 배송을 완료해야 하므로 이에 필요한 인력과 시스템 운영에 드는 비용이 부담될 수밖에 없다. 치열한 새벽 배송 시장 내 경쟁에서 주도권을 잡기 위해서는 시스템 운영 효율화와 동시에 이미 새벽 배송에 익숙해진 소비자들에게 빠른 속도 이외에 제공할 수 있는 차별화된 서비스가 필요하다. 고객에게 주문 상품을 전달하는 마지막 단계인 '라스트마일 딜리버리'를 좀 더 고민해봐야 할 때다. 새벽 배송을 이용하는 고객들의 빅데이터에서 이 해답을 발굴할 수 있을 것이다.

이 데이터 누가 사용할까?

새벽 배송 서비스 기업, 온라인 유통 플랫폼

- 새벽 배송 서비스 기업의 자사 및 타사 고객들의 이용 패턴 분석을 통한 차별화 전략 수립
- 온라인 유통 플랫폼의 새벽 배송 트렌드 분석

이 데이터 어디서 찾았을까?

- BC카드, 온라인 카드 소비 데이터
- BC카드, 가구별 소비 성향 프로파일링

31

가구 소비 패턴을 알면 마케팅 방법이 보인다

'뭘 샀는지'가 아니라 '왜 샀는지'를 물어야 하는 이유

과거 많은 기업들은 고객을 성별, 연령으로 분류하여 세그먼테이션을 구성하고 이를 마케팅에 활용했다. 당시에는 대다수 사람들의 생애 주기가 유사했기 때문에 '20대 중·후반 여성은 신혼부부이거나 영유아 자녀가 있을 것'이라는 가정을 적용하는 데 크게 무리가 없었다. 하지만 요즘 들어서는 나이와 성별로 개인의 생애주기를 특정 짓기 어렵다. 이는 1인 가구 비율이 2016년 27.9%에서 2019년 30.2%로 크게 증가한 상황만으로도 설명이 된다.

글로벌 유통 컨설팅 회사인 던험비코리아 권태영 대표는 "유통업체가 생존하려면 소비자들과 정서적 유대를 쌓아야 한다. 데이터를 활용해 고객들이 무엇을 사고 싶어 할지, 어떤 제품을 필요로 할지 파악하는 기업이 승자가 될 것"[12]이라고 말했다. 이는 고객이 무엇을 구매했는지보다 왜 그것을 구매했는지에 집중하라는 의미다. 고객의 가족구성원, 소득수준, 평소 소비 패턴을 알 수 있다면 왜 그 고객이 A마트에서 유기농 유제품과 신석식품을 구매했는지를 유추할 수 있을 것이다.

BC카드는 이런 점에 착안해 가구의 소비 성향을 분류하는 세그먼테이션 모델을 개발하여 가족구성원, 소득수준, 주거지, 주거 형태와 같은 가구 특징을 프로파일링했다. 유통, 제조사, 프랜차이즈 등 다양한 분야의 기업들이 고객 특성을 파악하고 마케팅을 기획하는 데 도움을 줄 만한 지표다.

가구 소비 성향에 따라 새롭게 붙은 이름

가구 소비 성향 세그먼테이션은 '교육 추구', '영유아 보육', '온라인 온리', '욜로', '생활 지킴', '건강 챙김', '동네 생활권', '외식 추구', '음주 추구' 총 9가지 컨셉으로 구성되어 있다. 각 세그먼테이션별 가구 구성원 수, 소득수준, 주거 형태, 연령, 지역 등 가구에 대한 다양한 특성으로 프로파일링을 정의했고, 대표적으로 각 특징이 특히 두드러지는 '온라인 온리', '교육 추구', '건강 챙김'의 3가지 가구 세그먼테이션과 각 프로파일링을 비교해서 소개하고자 한다.

'온라인 온리' 가구는 온라인을 통해서 대부분의 소비를 해결하는 가구다. 1인 가구의 비중이 높고 소득수준이 다소 낮다. 주거 형태는 아

가구 세그먼테이션 구성

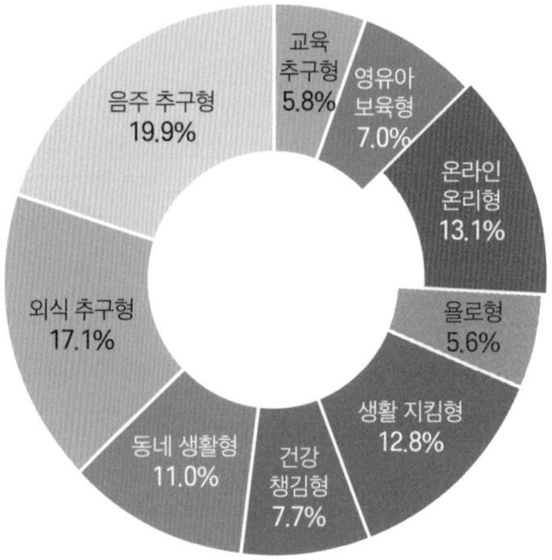

가구 소비 성향에 따른 '온라인 온리' 가구 특성

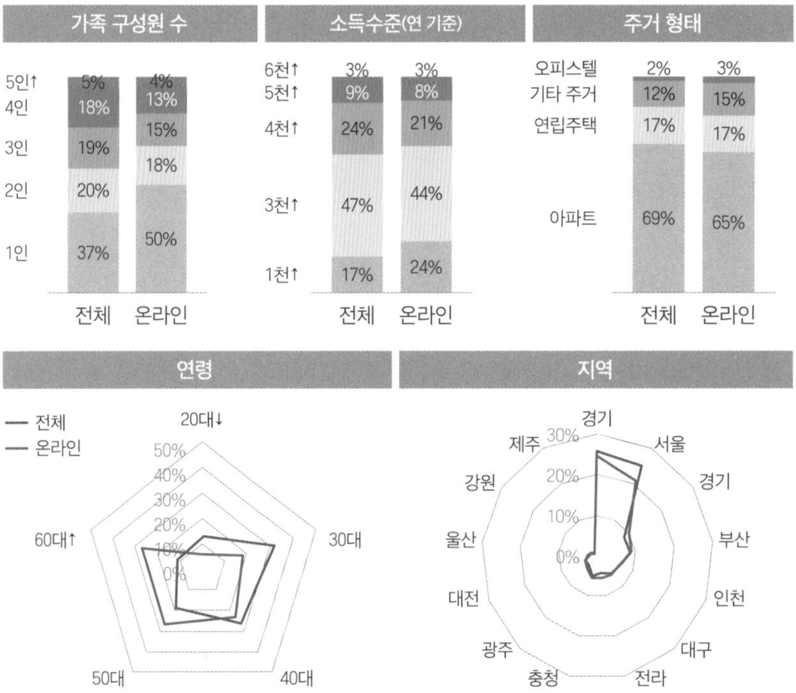

파트보다 주소가 특정되지 않거나 기숙사, 학교와 같은 기타 주거지에 거주하는 비율이 높아 학생이거나 사회 초년생일 가능성이 크다. 연령은 20~30대가 많은 편으로 서울 지역 거주자가 다수를 차지한다.

'교육 추구' 가구는 초등학생, 청소년기 자녀를 둔 교육과 관련된 소비가 높은 가구다. 가족 구성은 3인 이상으로 40대 가장의 소득이 전체 소득수준 대비 월등히 높은 편이다. 이들은 서울, 경기 지역의 아파트에 거주할 확률이 상대적으로 높다.

반면 '건강 챙김' 가구는 건강과 관련된 소비를 하며 다양한 취미와

가구 소비 성향에 따른 '교육 추구' 가구 특성

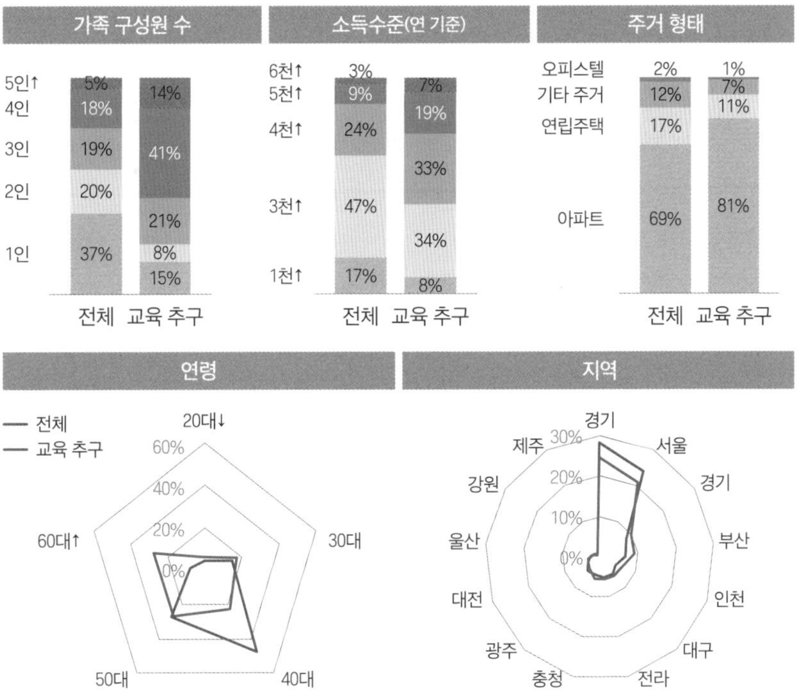

여유 생활을 즐기는 특성을 보인다. 가족 구성원 수는 2인인 경우가 많고, 소득수준 연평균 3,000만 원대인 60대 가장의 분포가 높아 안정된 수입이 있는 가구라고 볼 수 있다. 별다른 지역적 특성은 두드러지지 않으며 주로 아파트에 거주하는 특성이 있다.

유통사의 경우 이러한 가구 세그먼테이션 특성을 바탕으로 마케팅 계획을 세울 수 있다. 특정 고객이 일주일에 한 번씩 상대적으로 가격대가 높은 고기나 수산식품과 함께 우유, 빵과 같은 간식류를 지속해서 구매한다고 가정해보자. 그들이 가구 특성상 자녀가 있고 소득수준이 높으

가구 소비 성향에 따른 '건강 챙김' 가구 특성

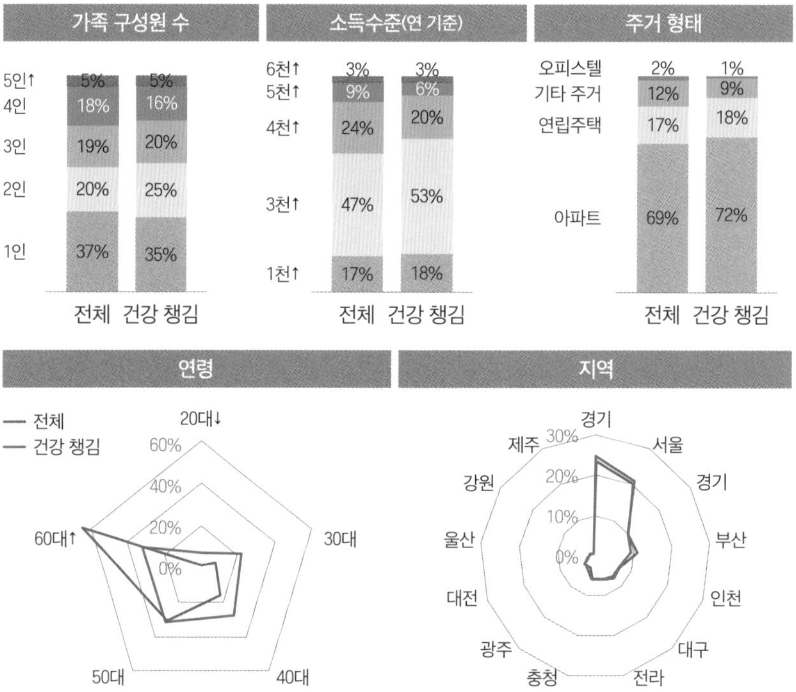

며 교육에 큰 관심을 둔다는 추가 정보를 알고 있다면 관련 식품의 프로모션을 진행할 때 품목 및 수량을 예측하여 더욱 고객 친화적인 마케팅을 실행할 수 있다. 현대사회의 많은 사람이 본인의 취향이나 생활에 잘 맞는 서비스나 마케팅을 만날 때 기쁘게 소비한다.

이 데이터 누가 사용할까?

유통업체, 제조업체, 외식업체, 프랜차이즈

- 유통, 제조업체의 마케팅 실행 전 타깃 설정
- 외식업체 및 프랜차이즈의 점포 오픈을 위한 지역 선정

이 데이터 어디서 찾았을까?

- BC카드, 가구 소비 패턴 세그먼테이션 모델
- BC카드, 온·오프라인 결제 정보
- BC카드, 고객 프로파일링 정보
- BC카드, 가구별 소비 성향 프로파일링

BIG DATA

PART 4

트렌드

32

언택트 시대,
축제는 계속된다

소비 데이터로 지역 축제 효과를 알 수 있다?

벚꽃 축제, 단풍 축제, 사과 축제, 듣기만 해도 싱그럽고 설레는 지역 축제들의 이름이다. 2020년, 총 970여 개의 지역 축제가 개최될 예정이었으나 코로나19 영향으로 6월까지 185개의 축제가 취소됐으며, 문화체육관광부의 2020년 지역 축제 개최 계획 기준에 따르면 128개의 행사는 개최가 연기됐다. 사람이 모일수록 흥하는 축제가 코로나 시대에는 빛을 잃은 모습이다.

2019년 우리나라에서 열린 지역 축제는 문화체육관광부 지역 축제 개최 계획 기준으로 약 880여 개에 달했다. 사시사철 계절과 지역 특색에 맞는 축제만 찾아다녀도 대한민국을 충분히 즐길 수 있는 것이다. 지역 축제 자체의 수익성, 운영 방식 등에 대한 비판의 목소리가 존재하지만, 지역축제가 지역만의 자연경관을 앞세워 작은 시골 마을을 유명한 관광지로 성장시키고, 지역 특산품의 판로를 연 주역임은 부인하기 어렵다. 그간 지역 축제는 사회와 경제에 어떤 영향을 미쳤을까?

대규모 집객 행사의 소비 효과는 두 가지 방법으로 분석해볼 수 있다. 첫 번째는 방문객을 정의하고, 그 다음으로 방문객의 지역 내 소비 패턴과 규모를 분석하는 것이다. 축제 지역 인근 상점에서 카드 결제 내역이 3일 미만인 고객을 방문객으로 정의하고(기준치는 분석 결과에 따라 조정), 그들이 어디서 얼마나 소비했는지를 분석한다. 연간 해당 지역 내에서 소비한 일수를 기준으로 방문객을 정의하면 결제 빈도가 높은 거주자나 근로자는 분석 대상에서 제외되어 순수 방문객의 소비 효과만 집계할 수 있다.

두 번째는 축제 기간과 축제 전, 지역 상점들의 평균 매출 차이를 분석하는 방법이다. 축제를 연 기간과 축제 전 지역 매출의 차이를 축제를 통한 경제적 효과라고 볼 수 있으며, 순수하게 축제 방문객의 소비 패턴만을 상세히 분석하고자 하는 경우에는 앞서 말한 방식과 같이 방문 일자를 기준으로 타 지역 거주자로만 방문객을 추린다.

멀리 사는 사람도 불러모으는 축제의 힘

앞서 말한 방법 중 두 번째 방식을 취해 좀 더 상세히 축제의 효과를 확인하고자 한다. 축제마다 경제적 효과는 매우 상이하기 때문에 그중 창원 진해 군항제 등 봄철 대표 지역 축제 3개를 선별해 경제적 효과를 분석했다. 축제가 진행되는 기간과 축제가 열리기 한 달 전의 해당 지역 내

축제 지역 업종별 매출액 증감률(2019년 축제 기간 전월 대비 기준)

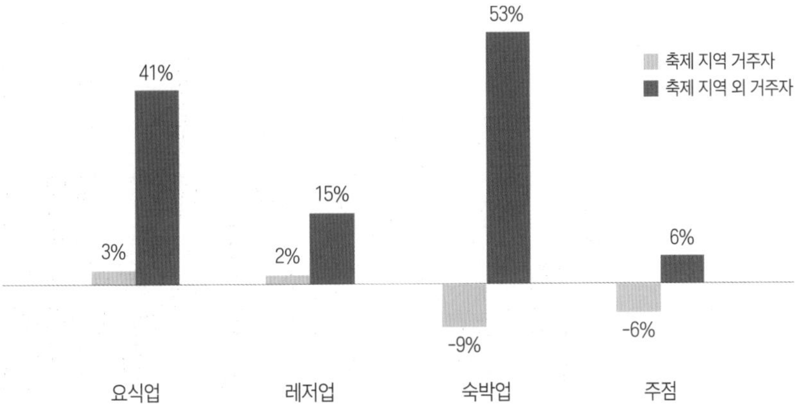

출처: BC카드 빅데이터 센터

여러 업종의 매출액 변화를 살펴본 결과, 축제 지역에 있는 음식점과 스포츠 레저업, 숙박업의 소비가 활성화됐음을 알 수 있다.

요식업과 레저업의 경우 축제 지역 내 거주자와 외부 방문객으로 인한 매출액이 모두 증가했으나 방문객에 비하면 지역 내 거주자의 매출은 미미한 편이다. 지역 내 거주자의 숙박업과 주점 매출액은 각 -9%, -6%로 오히려 감소했다. 지역 내에 거주하는 이들은 사람들로 붐비는 축제 기간에 축제의 분위기를 즐긴 후 숙박을 하거나 술자리를 늦게까지 즐기기보다 가까운 집으로 돌아가는 것으로 추측할 수 있다. 특히 축제 지역 외 거주자로 인한 숙박업과 주점 매출액이 각 41%, 53%로 매우 큰 폭으로 증가했다. 먼 지역에서 방문한 이들이 여러 날 머물며 축제 지역의 음식점이나 술집 및 주변에서 할 수 있는 여러 활동 등을 경험하고, 축제가 벌어지는 기간을 충분히 즐기는 것으로 보인다.

타 지역의 인구를 거리가 먼 지역으로 끌어오는 축제의 힘을 이제 언택트 시대에 맞게 활용해야 한다. 체험 키트를 발송하거나 AR 체험을 제공하는 등 지역 축제를 즐길 새로운 콘텐츠는 무궁무진하다.

축제 기간 내 해당 지역 상점에서 결제한 고객을 분석해보면 축제 지역 거주자가 약 44%로 가장 많은 비중을 차지했지만, 축제 지역으로부터 반경 5~30km 이내의 인근 지역에 거주하는 고객은 33%, 30km 이상 거리의 타 지역 거주 고객 비중은 23%였다. 이 중 축제 지역으로부터 100km 이상 떨어진 지역에서 방문한 고객이 약 11%였다. 대다수는 인근 지역에 거주하는 고객들이 쉽게 방문하는 것으로 나타났지만, 100km 이상 떨어진 지역의 고객을 유입시키는 힘은 분명 지역 축제가 끌어낸 것이라고 할 수 있다.

특히 타 지역 거주자의 경우 인근 거주 고객보다 먹고, 즐기는 데 더 많은 소비를 한다는 점 또한 지역 축제가 가진 소비 활성화 효과를 잘 보여주고 있다. 인근 거주자와 비교했을 때, 축제 지역에 방문한 타 지역 거주자들은 지역 내 식당, 스포츠 레저 업소, 숙박업소에서 주로 소비하며 관련 업종의 월평균 소득은 약 37% 증대된 것을 확인할 수 있다.

코로나 팬데믹이 지역 축제에 큰 위기를 가져왔다. 많은 지자체가 예정되어 있던 축제를 연기하거나 개최를 취소한 가운데 한 지역의 유명 머드 축제는 '집콕 머드 체험 키트'와 머드 AR과 같은 콘텐츠로 재탄생했다. 이를 통해 언택트 축제를 즐길 새로운 방향성을 제시하며, 지역 축제가 자체적으로 성장할 기회로 삼기도 했다. 위기를 몰고 온 하나의 트렌드가 전에 없던 새로운 트렌드를 재생산해낸 것이다. 지역 축제를 즐길 새롭고도 다양한 아이템이 개발된다면 사회적 거리 두기에 지친 사람들과 지역 소비에 활력을 제공할 수 있을 것이다.

이 데이터 누가 사용할까?

지자체, 디지털 콘텐츠 개발 업체

- 지자체의 지역 축제 효과 분석 및 마케팅 전략 수립
- 디지털 콘텐츠 개발 업체의 지역 축제 관련 디지털 콘텐츠 개발

이 데이터 어디서 찾았을까?

- BC카드, 소비 데이터
- 문화체육관광부, 연도별 지역 축제 개최 계획

33

산 넘고 바다 건너 해외 물품, 이제 직접 산다

마스크도 직구하는 시대

매년 11월 소비 욕구를 자극하는 행사 '블랙프라이데이'가 열린다. 이때를 맞춰 고가의 가전, 해외 브랜드 의류를 최대한 저렴하게 살 기회를 노리던 해외 직구('직접 구매'의 줄임말)족은 생활용품, 건강식품 등으로 그 반경을 넓히며 국경 없는 쇼핑을 즐기고 있다. 코로나19로 국내에서 마스크와 손 세정제를 구매하기 어려워지자 해외 온라인 쇼핑몰에서 직접 상품을 구매할 만큼 해외 직구는 보편화됐다.

2017년 2조 2,000억 원이었던 해외 직구 시장 규모는 2019년 3조 6,000억 원에 도달하며 연평균 27%씩 빠른 속도로 성장하고 있다. 분기별 해외 직구 구매 금액 추이를 보면 해외 직구의 대표 시즌인 매년 11월 넷째 주 금요일 블랙프라이데이를 포함한 4분기 이용 금액이 가장 높게

해외 직구 구매액 추이(2017년~2020년 기준)

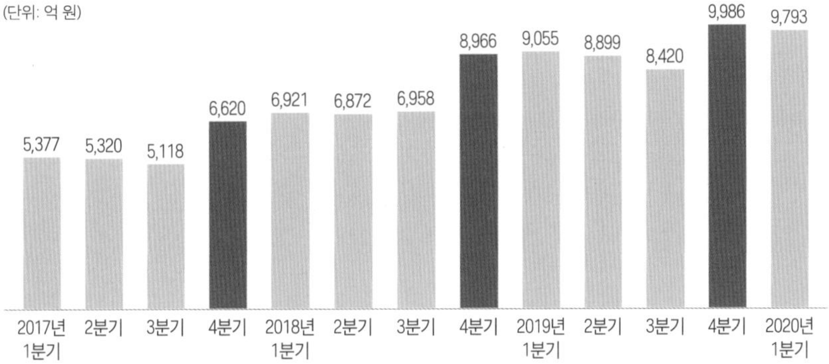

출처: 통계청

나타난다. 다만, 2018년까지는 4분기 이용금액이 연평균 이용 금액(분기별 이용금액의 단순 평균)보다 약 1.2배 더 높은 반면, 2019년의 경우 4분기 이용 금액은 연평균 이용 금액 대비 약 1.1배 높은 수준으로 연말에 집중되어 있던 해외 물품 구매 비중이 연중으로 분산되고 있다는 것을 확인할 수 있다.

또한 관세청 '해외 직구 수입 동향' 발표에 따른 해외 직구 이용 금액과 이용 건수 데이터를 살펴보면, 해외 직구 한 건당 구매 단가는 2017년 89달러에서 2019년 82달러로 약 8% 하락한 것으로 나타났다. 구매 건수가 증가한 것은 신규 해외 직구 이용 고객이 증가했거나 기존 해외 직구 이용자 1명당 구매 빈도가 늘어났다는 의미로 해석할 수 있다. 구매 단가가 낮아진 것은 기존 고가의 가전제품 중심에서 생필품과 같이 소소한 물품 구매로 이용 범위가 확산되며 구매 문화가 변화하고 있음을 보여준다.

20대는 플렉스, 30대는 가성비

가성비와 트렌드를 중시하는 30대 여성이 패션, 육아용품, 건강기능식품을 주로 구매하던 해외 직구 시장에 30~40대 남성, 20대가 적극적으로 참여하면서 구매 제품이 다양해지고 있다. 구입 상품별로 보자면 여전히 30대 여성의 구매 비중이 제일 높으나, 30대 남성을 중심으로 전자 제품의 해외 직구 건수는 1년 만에 78% 성장했다.

특히 중국 전자제품을 구매한 건수는 2018년 상반기 88만 건을 기록한 데 비해 2019년 상반기 216만 건으로 오르며 전년 대비 145% 성장했다. 대륙의 실수라 불리는 샤오미 무선 이어폰, 공기 청정기, 커피 머신과 같은 소형 전자제품의 구매 건수가 특히 높았다. 20~30대 여성들은 명품 가방을 활발하게 구매하는 것으로 나타났다.

나를 위한 소비에 집중하는 20대의 구매 건수가 늘면서 2019년에 접어들어 20대가 40대의 해외 직구 건수를 앞지르기도 했다. 이는 인터넷 환경에 익숙하고, 가성비보다 '나심비('나'와 '심리'와 '가성비'의 합성어, 소비의 심리적 만족감을 중시한다는 의미)'를 중시하는 밀레니얼 세대가 소비의 주체로 떠오르며 자연스레 해외 쇼핑몰에서도 적극적으로 구매하는 경향을 보이는 것으로 분석할 수 있다.

또한 30대 여성뿐만 아니라 30~40대 남성이 완구류를 해외에서 직접 사들이는 비중도 높은 것으로 나타났다. 자녀를 위한 장난감을 해외에서 구매하는 동시에 키덜트(어린이kid와 어른adult의 합성어, 어린이 취향을 가진 어른을 지칭)가 자신을 위해 피규어, 게임과 같은 종류에 소비하는 경우가 늘어난 것으로 보인다.

해외 직구는 더 이상 주요 세일 시즌에만 반짝 상승하는 쇼핑 트렌

연령과 성별에 따른 품목별 해외 직구 점유율(2019년 상반기 기준)

품목	20대		30대		40대	
	남	여	남	여	남	여
건강 기능 식품	11%	13%	15%	28%	8%	13%
완구	8%	9%	22%	37%	11%	7%
의류	9%	12%	17%	32%	8%	15%
잡화(핸드백·가방)	7%	21%	12%	35%	6%	14%
화장품	3%	15%	8%	45%	4%	18%
전자제품	10%	8%	28%	19%	17%	7%

출처: 관세청

드가 아니다. 일상의 영역에서 상시 이용하는 쇼핑 채널로 자리매김하며, 국내 소비의 일부를 대체하고 있다. 미국 최대 쇼핑몰인 아마존은 2018년 한시적으로 한국까지 물품을 무료로 배송해주는 이벤트를 진행했고, 한 건강식품 전문 쇼핑몰의 경우 한국어 홈페이지를 운영하며, 국내 소비자들의 소비를 유도하기 위한 다양한 시도를 하고 있다. 산 넘고 바다를 건너오는 물건일지라도 구매하고자 하는 소비자의 욕구를 강력하게 끌어낸 그들의 마케팅 비법이 소비 데이터에 숨어 있다. 이제 인사이트를 발굴해 새로운 전략을 짜볼 때다.

이 데이터 누가 사용할까?

해외 직구 대행업체, 국내 온라인 쇼핑몰, 마케터

- 해외 직구 대행업체와 온라인 쇼핑몰의 트렌드 분석을 통한 운영 전략 수립
- 국내 온라인 쇼핑몰의 해외 직구를 이용하는 고객들의 니즈 분석을 통한 상품 판매 전략 수립
- 마케터의 소비자 구매 욕구를 자극할 만한 마케팅 전략 수립

이 데이터 어디서 찾았을까?

- BC카드, 온라인 구매 품목 데이터
- 통계청, '온라인 소비 동향'
- 관세청, '해외 직구 수입 동향'

34

지인의 생일, 이 기프트권 괜찮을까?

지인들에게 합리적인 가격으로 선물하고 있는가?

우리는 살면서 감사·미안·사랑 등 다양한 감정을 느끼고, 이를 상대방에게 표현하고자 마음을 담은 선물이 무엇일지 고민하곤 한다. 최근 흔하게 볼 수 있는 방법은 브랜드 음료와 케이크를 선물하거나 쿠폰 문자, 카카오톡 선물하기 기능을 통해 쉽고 빠르게 감사의 정을 전하는 것이다. 특히, 카카오톡·페이스북·인스타그램과 같은 SNS 플랫폼이 빠르게 대중화되면서 상대방에게 마음을 표현하기 쉬운 환경이 갖춰졌다.

하지만 간편한 방법이 생겼다고 해서 무엇을 선물할지도 빠르게 결정할 수 있는 것은 아니다. 선물하기 전에 상대방의 취향이나 친분에 따른 적정 가격 등에 대해 고민해본 적이 있을 것이다. 이러한 공통의 경험을 바탕으로 각종 SNS 플랫폼에서 고객 분석 기반의 카테고리별 컨셉을

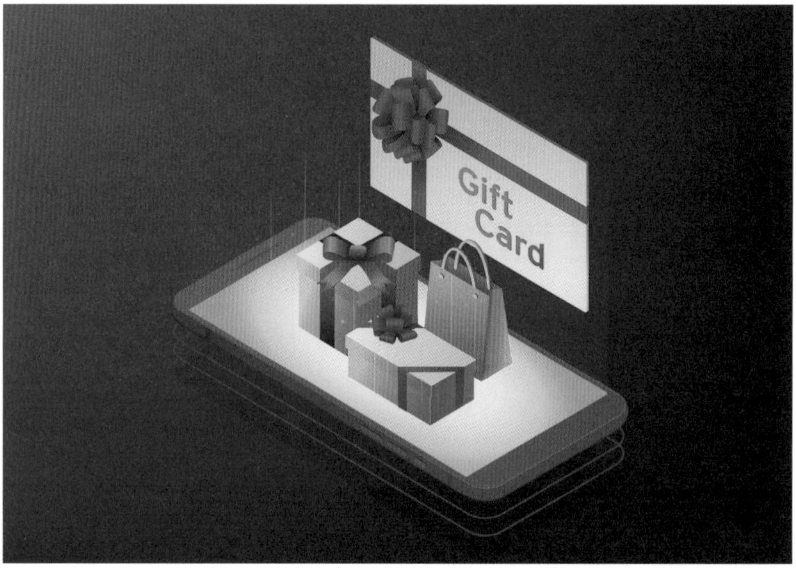

최근 상대방에게 마음을 표현하기 위해 선물할 때 상품권이나 기프트권을 구매하는 경우가 많다. 연령과 성별에 따라 주로 구매하는 기프트권의 종류와 가격대가 다르다.

정해 선물 추천을 보이는 서비스가 등장하고 있다. 가구 구성과 연령대에 따라 주로 어느 정도 가격대의 선물을 하는지 확인하고자 BC카드 온라인 결제 고객 대상으로 선물의 적정 가격과 부류, 범위를 정리했다.

성별과 연령대가 달라지면 선물 특성도 다를까?

BC카드 온라인 결제 데이터를 기반으로 성별과 연령대별로 가장 합리적인 가격을 분석했다. 이는 고민의 무게를 덜기 위한 하나의 참고 지표로 참고하기 용이하다. 덧붙여 친밀도에 대한 부분은 정확한 측정이 어려우므로 카드 매출 기반의 통계 데이터임을 먼저 이해할 필요가 있다.

연령과 성별에 따른 상품권·기프트권 매출 비율 변화(2020년 1~2분기 기준)

연령 및 성별		1분기		2분기	
		매출	건수	매출	건수
20대	남	17%	33%	19%	35%
	여	18%	32%	21%	33%
30대	남	43%	36%	44%	36%
	여	42%	39%	42%	39%
40대	남	31%	23%	28%	22%
	여	26%	22%	26%	22%
50대	남	7%	6%	6%	6%
	여	8%	5%	7%	5%
60대	남	2%	2%	2%	1%
	여	4%	1%	3%	1%

출처: BC카드 빅데이터센터

온라인을 통해 일어난 카드 매출 중 상품권과 기프트권 업종 매출액 비중을 살펴보면 특히 30~40대 연령층의 소비 비중이 높다. 50~60대 연령층의 소비는 비교적 매우 적은 편이다. 또한 20대에서는 남성이 여성보다 평균 지출 금액이 많다.

전체 평균으로 봤을 때 20~30대 여성 소비가 많은 반면, 기프트권과 상품권에 대한 소비 금액의 경우 20~30대 남성이 건당 평균 약 5만 원 정도로 20~30대 여성보다 높다. 전 연령층에서 여성의 구매 건수가 남성보다 더 많은 편이지만 소비 시 객단가는 남성이 큰 경향을 보인다.

매일 선물로 고민한다면

앞서 상품권과 기프트권 업종 소비 비중이 컸던 20~30대 연령층은 주로 어떤 상품을 구매할까? 2020년 1월부터 6월 기준으로 실제 BC카드 온라인 매출 데이터상 20대 남성의 경우 3~4만 원 금액대의 카페 이용권이나 상품권, 기프트권 카드를, 30대 남성의 경우 5만 원 이상 금액대의 건강식품과 케이크를 함께 묶어서, 20대 여성의 경우 1~2만 원대의 카페

연령과 성별에 따른 상품권·기프트권 온라인 매출 금액 비교(2020년 1~6월 기준)

기간	20대		30대	
	남	여	남	여
6월	3만 원대	1만 원대	5만 원 이상	3만 원대
5월	4만 원대	2만 원대	5만 원 이상	4만 원대
4월	4만 원대	2만 원대	5만 원 이상	4만 원대
3월	3만 원대	2만 원대	5만 원 이상	4만 원대
2월	3만 원대	2만 원대	5만 원 이상	4만 원대
1월	3만 원대	2만 원대	5만 원 이상	4만 원대

출처: BC카드 빅데이터센터

이용권을, 30대 여성의 경우 3~4만 원대의 케이크를 선물하는 경우가 많았다.

선물은 마음을 표현하는 하나의 방편이기 때문에 어떤 선택이 합리적이라고 말하기 어렵다. 하지만 생각보다 친구나 직장 동료, 가족과 같이 가까이에 있는 이들에게 마음을 표현하고 싶은 순간은 자주 찾아온다. 그때마다 고민이 깊어지는 이들에게 데이터가 의외로 친절한 가이드 역할을 해줄 수 있다. 예를 들어, 해당 데이터를 통해 연령대별 맞춤 고객 추천 상품 서비스를 개발하거나 해당 데이터를 기반으로 이커머스 유통업체와 데이터 결합을 통해 온·오프라인 소비 성향도 파악이 가능할 것이다.

이 데이터 누가 사용할까?

온라인 소비 고객, 이커머스 유통·판매업체, 트렌드 분석 업체, 마케터

- 온라인 소비 고객의 합리적인 선물 선택
- 이커머스 유통·판매업체의 새로운 상품 구성에 대한 적정 가격 산정
- 트렌드 분석 업체의 온라인 소비 트렌드 확인 및 기사 내 근거 자료
- 마케터의 고객층을 겨냥한 광고 기획

이 데이터 어디서 찾았을까?

- BC카드, 가구 소비 패턴 세그먼테이션 모델
- BC카드, 온·오프라인 결제 데이터

35

유아용품 시장의 큰손, 에잇 포켓족

아이 하나를 키우기 위해 온 마을의 힘이 필요하다

"아이 하나를 키우기 위해서는 온 마을의 힘이 필요하다"는 아프리카 나이지리아의 속담처럼 선물 같은 한 아이를 키우려면 사회 전체의 지지와 상호작용이 필요하다. 현대 핵가족 사회에 접어들면서 아이가 태어나면 양가 식구들의 애정이 아이에게 집중되는 양상이 두드러지고 있다.

부모와 양가 조부모가 한 아이에게 지갑을 연다는 '원 차일드 식스 포켓one child six pocket'의 범위는 조카 바보로 등극한 이모와 삼촌까지 가세하며 '원 차일드 에잇 포켓'으로 확장됐다. 평균 결혼 연령이 높아지고, 아이를 낳지 않는 이모, 삼촌이 조카에게 사랑을 쏟으며 생긴 현상이다.

통계청이 발표한 2019년 출생 통계에 따르면 가임여성 1명당 평균 출생아 수를 의미하는 합계 출산율은 2012년 1.30명에서 2019년 0.92명

한 명의 아이에게 집중하며 아기를 위한 용품을 사기 위해 지갑을 여는 '원 차일드 식스 포켓'은 부모와 양가 조부모뿐만 아니라 이모와 삼촌까지 합류하면서 '원 차일드 에잇 포켓'으로 그 범위를 확장했다.

이 되기까지 매년 감소하고 있지만, 한 아이에 대한 8명의 아낌없는 애정과 그에 따른 소비의 영향으로 아동 산업의 시장 규모는 2012년 27조 원에서 2017년 40조 원까지 약 1.5배 규모로 성장했다.[13]

어린이날, 여덟 개의 주머니가 열린다

한 아이를 위해 열정적으로 카드를 긁는 어른들의 소비에 어떤 차이가 있을까? 어린이날 전후 온라인에서의 선물 구매 데이터를 분석해본 결과, 어린이날을 기념해 아이의 선물을 구매하는 고객 대부분은 아이의 부모였으나, 큰 손은 조부모인 것으로 나타났다. 어린이날 선물을 구매

어린이날 온라인 구매 물품의 카테고리별 분포

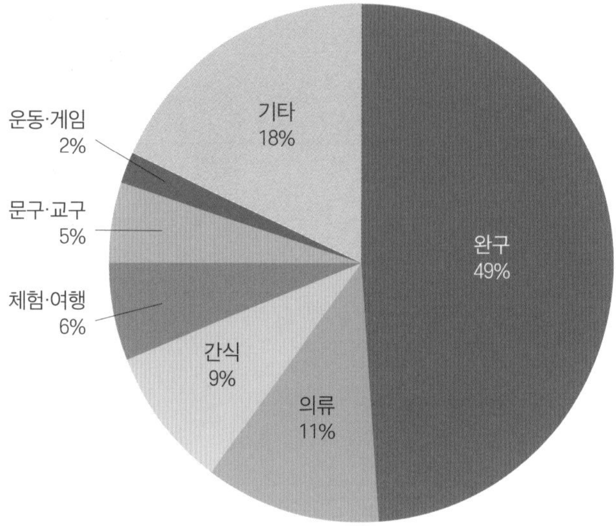

출처: BC카드

한 사람의 89%가 아이의 부모로 평균 5만 원 선에서 선물을 고른 반면, 조부모들의 평균 결제금액은 6만 8,000원으로 평균보다 약 2만 원 높은 수준의 고가 선물을 구매하는 것으로 나타났다. 충분한 경제력을 갖춘 '액티브 시니어active senior(건강하고 활동적인 중·장년층을 뜻함)'들이 에잇 포켓 소비의 중추적인 역할을 하고 있다.

어른들은 어린이날 선물을 약 보름 전부터 구매하기 시작하는데, 특히 어린이날까지 택배를 받지 못해 아이에게 선물을 제때 전달하지 못하는 불상사를 막기 위해 어린이날 10일 전부터 3일 전까지 구매가 집중되며, 3일 이후에는 관련 소비가 점점 줄어드는 것으로 나타났다.

온라인 쇼핑몰에서 구입한 어린이날 선물의 절반은 장난감으로 부모, 조부모, 이모, 삼촌 모두가 공통으로 가장 많이 고른 항목이다. 어린이날만큼은 교육 목적이나 활용성을 고려하기보다 아이들이 가장 원하는 것을 선물하는 현상이 자연스레 데이터를 통해 나타났다고 볼 수 있다. 장난감의 뒤를 잇는 다음 선물 순위로 아이들의 부모는 옷, 간식, 그리고 아이들을 위한 체험활동이나 여행 상품을 많이 구매한 반면, 조부모의 경우 의류를, 삼촌과 이모들은 다른 세대와 비교하여 상대적으로 게임이나 운동 관련 품목을 구매하는 비중이 높았다.

사랑하는 마음을 담아 고른 선물은 바로

소셜미디어상에서 '어린이날 선물'과 함께 언급되는 연관 키워드를 통해서도 어떤 품목들이 어린이날 선물로 물망에 오르는지 알 수 있다. 아이의 연령과 관계없이 장난감, 자전거, 레고, 킥보드를 선호하는 것으로 나타났으며, 유·아동과 비교하여 초등학생에게 주는 어린이날 선물의 경우 좀 더 구체적인 브랜드, 제품에 대한 키워드가 언급됐다. 아이들이 성장하면서 선물에 대한 요구 또한 뚜렷해짐에 따라 나타난 결과라고 할 수 있다.

아이를 위해 정성과 사랑을 쏟는 부모뿐만 아니라 아이의 열렬한 팬을 자처하는 조부모와 이모, 삼촌의 물적 지원에 아동 산업은 불황을 모르고 지속해서 성장하고 있다. 아이의 보호자들이 원하는 것은 비교적 단순하다. 안전한 환경과 건전한 재미, 자연스러운 학습을 충족하는 상품과 서비스라면 그들은 언제든지 결제할 준비가 되어 있다.

과거에 아이가 있는 집의 가족들이 원하고 찾아 헤맸던 키즈 카페,

어린이날 선물 관련 연관 검색어 순위(2020년 4월~5월 기준)

#어린이날_선물 #어린이집 #유치원		#어린이날_선물 #초등학생	
순위	키워드	순위	키워드
1~6위 공통 장난감, 인형, 자전거, 레고, 뽀로로, 킥보드			
7	간식	7	자동차
8	과자	8	핑크퐁
9	자동차	9	아이스크림
10	스티커	10	스티커
11	핑크퐁	11	자석 보드
12	아이스크림	12	로봇
13	쿠키	13	디즈니
14	로봇	14	헬로카봇
15	디즈니	15	목걸이
16	목걸이	16	텐트
17	헬로카봇	17	블레이드
18	텐트	18	보드게임
19	솜사탕	19	쿠키
20	마카롱	20	닌텐도

출처: BC카드 SMA

키즈 펜션, 육아 커뮤니케이션 앱, 다양한 키즈 디지털 콘텐츠처럼 '에잇 포켓'을 구성하는 세대마다 찾는 물품과 소비 특성이 다르다. 그들의 아이를 향한 마음을 자극할 수 있는 상품과 서비스에 대한 아이디어만 있다면, 블루오션 시장을 열 가능성이 무한하다.

이 데이터 누가 사용할까?

스타트업, 유통·제조업체

- 스타트업의 '키즈 노트'와 같은 아동 서비스 아이디어를 보유하고 있어 이를 홍보할 방안 마련
- 제조업체의 부모들이 선호하는 식품 상품 기획
- 유통·제조업체의 조부모들이 선호하는 어린이날 선물 기획

이 데이터 어디서 찾았을까?

- BC카드, 온라인 구매 카탈로그 데이터
- BC카드, SMA

36

경제 활력의 주체, 방구석 관람객

갈수록 성장하는 OTT 플랫폼

날마다 새로운 언어가 만들어지는 현대사회에는 발 빠른 마케팅이 끊임없이 등장한다. 그 중심에 강한 영향력을 발휘하는 SNS 공유 플랫폼이 있다. 사람들은 엄지손가락을 쉴 틈 없이 움직이며 디지털 신조어를 생산하고 유통한다. 특히 이러한 '엄지족'은 정도가 심해지면 휴일에도 밖으로 나가지 않는 '방콕족'이 되기도 한다.

2018년부터 비약적으로 발전한 OTT 서비스로 인해 은퇴한 부모부터 어린아이까지 스마트폰으로 영상물을 보고 있는 풍경이 익숙한 지금 방콕 현상은 전 연령층의 생활 패턴이나 다름없다. 2014년 1,926억 원이었던 OTT 시장의 매출액은 꾸준히 상승 곡선을 그리며 불과 6년이 지난 2020년 7,801억 원에 도달했다. 연평균 성장률 26.3%를 기록한 셈이다.

매출액에 따른 OTT 시장 연평균 성장률(2014~2020년 기준)

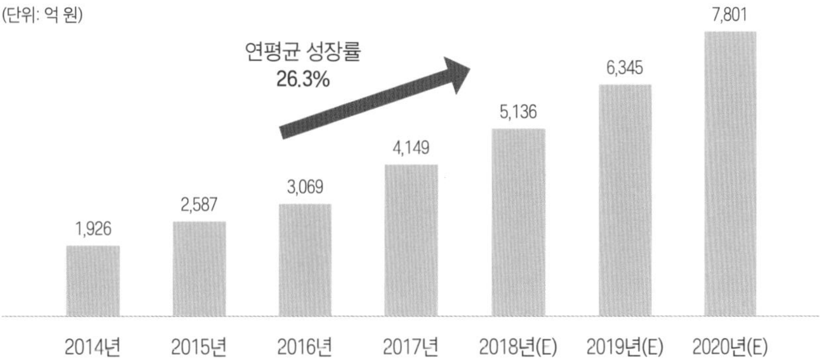

출처: 소프트웨어정책연구소

OTT 서비스뿐만 아니라 배달 서비스 또한 눈에 띄게 발달했고, 오프라인의 흥밋거리가 온라인으로 전이되면서 방콕 생활은 하나의 트렌드가 됐다. 이에 맞춰 온라인 시장은 더욱 성장하고 있다.

늘어가는 1인 미디어 시청자

습관은 서서히 변한다. IPTV가 보급되던 2014~2016년을 지나 OTT 서비스의 발전기를 거쳐 현재 전 국민이 OTT 서비스 기반의 유튜브, 넷플릭스를 익숙하게 이용한다. 지하철이나 버스에서 50~60대 남녀가, 혹은 부모 세대가 집 소파에 앉아 스마트폰을 보며 개인 시간을 즐기는 모습을 쉽게 볼 수 있다.

정보통신정책연구원에서 4,538가구, 약 1만 명을 대상으로 조사한 연령대별 OTT 이용 현황을 살펴본 결과, 20대의 65.4%가 OTT 서비스

성별 OTT 이용률(2019년 기준)

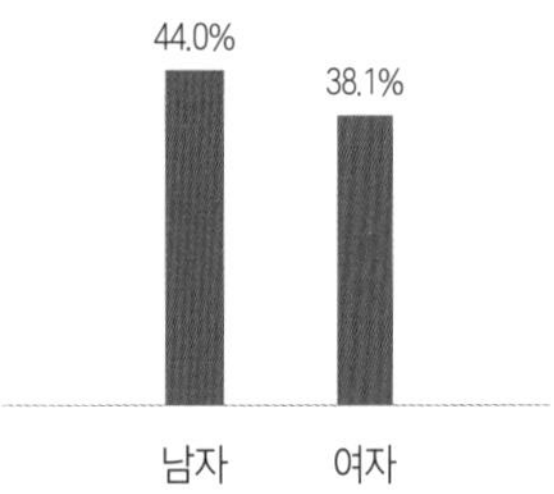

연령별 OTT 이용률(2019년 기준)

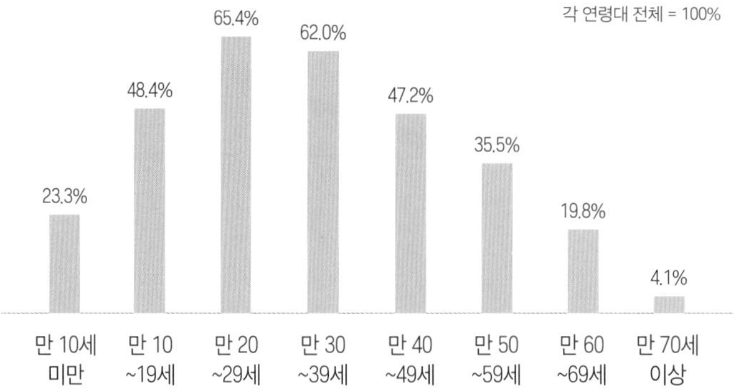

출처: 정보통신정책연구원

를 이용하는 것으로 나타났다. 그리고 30대(62%)와 10대(48.4%), 40대(47.2%)가 뒤를 이었다. 50대 이상 연령대의 OTT 이용률은 다른 연령대와 비교해 상대적으로 적었다. 성별에 따른 OTT 이용률은 남성(44%)이 여성(38.1%)보다 상대적으로 많았다.

OTT 사용 트렌드와 연령대별 특성상 일명 '방구석 관람객'은 컴퓨터와 PC에 익숙하며 웹툰과 짧은 동영상 시청을 즐기는 밀레니얼 세대나 육아로 집에 머무는 시간이 많은 40대 부부가 주 시청 고객일 것으로 추측할 수 있다.

부모와 자녀 세대는 방구석 관람객

OTT 서비스를 통해 집에서 영화나 공연 등 다양한 문화를 즐기는 실제 '방구석 관람객'을 추정하기 위해 2019년 10~12월을 기준으로 O2O 서비스 이용 현황과 항공권 구매 내역을 교차 분석했다. 세부적으로 확인하기 위해 3개월 기준 항공권 구매가 없는 고객일 경우 활동성이 적고, O2O 서비스 이용이 많은 고객일 경우 비대면 서비스를 즐긴다는 가설을 세웠다. 이에 따라 카드 결제 데이터상 항공권을 구매하거나 항공 서비스를 이용한 이력이 전혀 없고, 배달 음식 서비스나 물품을 온라인으로 구매하는 등 생활과 밀접한 O2O 서비스를 한 번이라도 이용한 경험이 있는 이들을 분석 대상으로 선정했다.

교차 분석 결과를 살펴봤을 때 O2O 서비스의 이용 빈도는 성별에 구분 없이 40대가 가장 높았으며, 50대의 경우 1회 이용 비중이 큰 편으

성별과 연령대별 O2O 서비스 이용 비율(2019년 10~12월 기준)

* 3개월간 항공권 구매 이력 없는 고객 대상

연령대	성별	3회 이상 이용	2회 이용	1회 이용
20대	남성	20%	20%	27%
	여성	24%	25%	36%
30대	남성	21%	29%	17%
	여성	28%	31%	19%
40대	남성	**34%**	25%	13%
	여성	**33%**	29%	15%
50대	남성	25%	26%	43%
	여성	15%	15%	30%

출처: BC카드 빅데이터센터

OTT 서비스를 이용해 영화나 국내외 드라마, 공연 등을 집에서 편리하게 즐기는 인구가 빠르게 증가하고 있다.

로 활동성이 적고 O2O 서비스에 비교적 둔감하다고 분석된다. 20대는 O2O 서비스 이용 횟수별로 고르게 분포되어 있으나 분석 대상에 선정된 인원 규모에 있어 2배 이상의 모집단으로 월등한 차이를 보인 점에서 디바이스에 친숙한 세대임을 간접적으로 알 수 있다.

지금까지 분석해본 바에 의하면 방구석 관람객의 주 세력은 O2O 서비스를 적극적으로 활용하며 항공권 구매가 적었던 40대로 추측해볼 수 있다. 해당 연령대는 디바이스에 친숙하고, 육아 및 자녀 교육으로 인해 외부 활동이 힘든 경우가 많다는 점에서 이러한 결과가 나온 것으로 보인다. 이로써 20~30대뿐만 아니라 40대도 랜선 너머에서 경제 활성화에 기여하는 세대임을 확인했다. 비대면 삶에 익숙해진 20~40대가 다양한 콘텐츠를 실시간으로 관람하는 새로운 문화를 즐기며 온라인 콘텐츠를 향유하고 있다. 유통업체는 이러한 온라인 시장의 흐름에 더욱 주목하여 색다른 마케팅을 기반으로 고객을 사로잡을 방안을 발 빠르게 모색해야 한다.

이 데이터 누가 사용할까?

유통·제조·대행업체, 온라인 마케팅 업체 트렌드 조사업체

- 유통·제조업체의 고객 트렌드 파악
- 대행업체, 온라인 마케팅 업체, 트렌드 조사업체의 온라인 매출 파악 및 소비 트렌드 조사

이 데이터 어디서 찾았을까?

- BC카드, 가구 소비 패턴 세그먼테이션 TPO 모델
- BC카드, 온·오프라인 결제 정보

37

데이터 가라사대, 공유 킥보드 여기에 있으라

대중교통보다 간편한 공유 킥보드 찾기

최근 환승에 환승을 거쳐 버스를 타는 대신 공유 킥보드를 이용해 이동하는 사람들이 늘고 있다. 순식간에 도로와 인도를 점령한 공유 킥보드와 관련하여 아무 곳에 세워 두는 프리플로팅 방식이 편리하다는 의견과 유동 인구가 많은 장소에서 통행에 방해가 된다는 의견이 팽팽하게 나뉜다.

한 기사에 따르면 최근 송파구는 전동 킥보드가 아무 장소에 마구잡이로 세워져 있는 문제를 해결하기 위해 킥보드 주차 존 시범 설치 사업을 시작했다. 그러자 지하철역 인근 인도에 그려진 주차 존으로 자연스럽게 주차가 집중됐다고 한다. 시야 안에 공유 킥보드가 잘 정렬되어 있으면 그 옆에 나란히 주차한다는 것이다. 이는 인센티브나 단속 없이도 킥보드 주차 효과를 본 사례[14]로 꼽힌다.

그렇다면 공유 킥보드 주차장은 어디에 만드는 것이 가장 효율적일까? 지자체는 적절한 주차 자리를 마련하여 시민들이 통행에 불편을 겪지 않기를 바라고, 공유 킥보드 운영업체는 효율적인 장소에 킥보드를 배치하여 이용자들이 신속하게 킥보드를 이용하도록 유도하고 싶을 것이다. 모두의 고민을 해결할 답은 지하철역 이용자 분포, 대중교통 정류장과 집 사이의 거리 데이터를 통해서 찾을 수 있다.

유동 인구가 높은 서울시 지하철역

2020년 5월 한 달간 오전 7~9시 사이에 서울교통공사 지하철역을 이용하는 이용자수를 다음 그림처럼 시각화해보았다. 짙은 파란색일수록 이용 고객이 적고, 짙은 빨간색일수록 이용 고객이 많은 지하철역으로 구분할 수 있다.

이용자가 가장 많은 역은 서울역으로 집계됐고, 뒤이어 구로디지털단지역, 홍대입구역, 신도림역, 대화역 순서로 이용자가 많았다. 이용자가 밀집된 지하철역을 이용하는 사람을 기준으로 그들 자택과 지하철역 사이의 거리를 알면, 공유 킥보드 수요자가 누구인지 예측할 수 있다.

지하철역 이용자수(2020년 5월 기준)

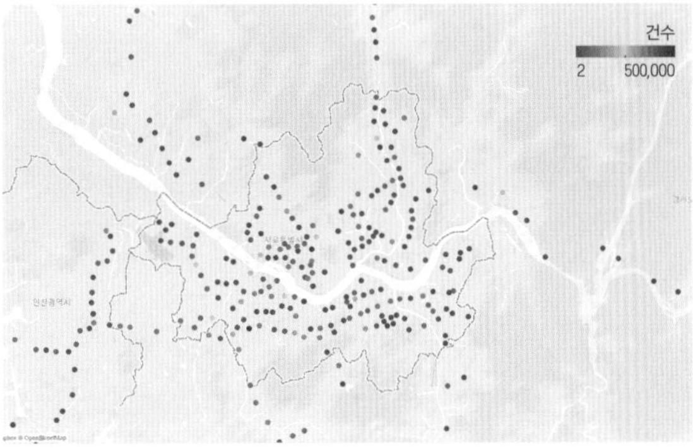

출처: BC카드 빅데이터센터

보통 걷기는 힘들고 그렇다고 택시를 타기에는 너무 가

서울시 출근시간대 이용자수 Top5역과 자택과의 거리 분포

역명	500m 미만	500m↑	1km↑	2km↑	3km↑	5km↑
서울역	7.1%	5.9%	3.8%	3.1%	4.6%	75.5%
구로디지털단지역	3.2%	7.2%	15.6%	13.2%	18.5%	42.3%
홍대입구역	3.1%	6.4%	11.7%	10.0%	13.1%	55.6%
신도림역	1.9%	9.5%	14.4%	12.9%	18.6%	42.6%
대화역	5.4%	3.2%	14.0%	16.4%	11.5%	49.6%

까운 거리에서 공유 킥보드를 이용하는 경우가 많다[15]고 한다. 데이터에 의하면 그 애매한 거리의 기준은 걸어서 약 15분 정도로 예측할 수 있으며, 성인의 보행 속도를 시속 5Km라고 가정하면 약 1Km의 거리가 된다. 이에 지하철 이용자들이 승차한 역과 집까지의 거리가 약 1Km 떨어진 사람들이 얼마나 있을지 알아봤다.

서울시에서 이용자수가 많은 역들을 중심으로 출근 시간대(오전 7~9시)에 해당 역을 이용하는 이들의 집과 역 사이의 거리는 공통적으로 5km 이상이 가장 많았다. 그중 공유 킥보드를 이용할 확률이 높은 대상을 500m 이상부터 1km 미만에 분포된 집단이라고 산정했을 때 이들이 역 이용자 전체에서 차지하는 비율은 서울역 9.7%, 구로디지털단지역 22.8%, 홍대입구역 18.1%, 신도림역 23.9%, 대화역 17.2%로 나타났다.

이와 같은 결과를 봤을 때, 서울역보다는 구로디지털단지역, 홍대입구역, 신도림역 근방에 전동 킥보드를 이용하는 사람이 좀 더 많을 것으로 예상할 수 있다. 해당 역 주변에 킥보드를 가지런하게 둘 수 있는 주차장을 마련한다면 보행자들에게 방해가 되지 않으면서도 이용자들 또한 편리하게 킥보드를 이용할 수 있을 것이다.

이미 시작된 유행은 걷잡을 수 없이 빠른 속도로 전파된다. 순식간에 거리에 즐비한 전동 킥보드의 수만큼 새로운 문화에 대한 대중의 관심이 높다. 게다가 도로교통법 개정안이 국회를 통과하면서 12월 10일부터 운전면허가 없어도 만 13세 이상이면 전동 킥보드를 이용할 수 있게 됐다. 이러한 편리를 옹호하는 목소리가 높아짐과 동시에 위험을 우려하는 의견 또한 더욱 많아졌다.

이 양날의 검과 같은 서비스를 좀 더 안전하고 긍정적인 방향으로 쓰기 위해 해외 사례처럼 공유 킥보드 대여 시 헬멧을 함께 대여해주거

공유 킥보드는 프리플로팅 방식으로 운영된다. 아무 곳에 세워둘 수 있어 편리하다는 의견과 통행에 방해가 된다는 의견 사이에서 어떻게 접점을 찾을 수 있을까?

나 안전한 위치의 주차 존에 공유 킥보드를 뒀을 때 현금처럼 쓸 수 있는 포인트를 지급하는 식의 혜택을 제공하면 어떨까? 눈에 띄게 확장하는 공유 모빌리티 시장의 상승세를 신중하게 살펴보면 지금 필요한 마케팅이 무엇인지 함께 발견할 수 있을 것이다.

이 데이터 누가 사용할까?

지자체, 공유 킥보드 운영업체, 공유 킥보드 사용자

- 지자체의 공유 킥보드 주차 해소를 위한 주차장 자리 선정
- 킥보드 운영업체의 공유 킥보드 배치를 통한 활용성 상승
- 공유 킥보드 사용자의 편의성과 안전성 상승

이 데이터 어디서 찾았을까?

- BC카드, 교통카드 이용 내역
- BC카드, 고객 주소 데이터

38

공부도 비대면으로, 모니터 안 선생님

부모는 케어, 학생은 비대면 공부 적응기

2020년 코로나19로 인해 유치원과 초·중·고등학교 등교가 늦춰지면서 필수 공교육 과정이 비대면 온라인 강의 위주로 바뀌고 등교가 전면 금지됐다. 이에 따라 컴퓨터 화면을 보는 것으로 학습을 시작하는 자녀들의 교육 준비에 아침마다 분주한 부모들은 출근 시간을 조정하는 경우가 늘었다. 자녀들 또한 생소한 환경에 적응하기 위해 PC나 모바일을 게임이 아닌 학습을 위한 용도로 이해하고 그 시간에 집중하려는 모습을 보이고 있다.

부모들은 방과 후 자녀 학습을 위해 온라인 사교육 시장을 직접 찾아보고 문의하느라 분주하다. 한 교육업체에 따르면 태블릿이나 PC를 활용한 스마트 홈스쿨링 서비스를 이용하는 학생이 급격히 늘었다[16]고 한다. 초등학생을 대상으로 한 주요 스마트 교육업체인 웅진씽크빅, 교원, 대교, 천재교육, 아이스크림에듀의 회원 수는 2020년 3월 기준 118만 명으로 집계됐으며, 해당 업계의 통계에 따르면 국내 초등학생 약 260만 명 중에서 40% 이상이 집에서 IT 기기로 온라인 학습을 진행한 셈이라고 밝혔다. 웅진씽크빅의 초등학생 스마트디지털 학습지 '스마트올'의 2020년 3월 회원수는 전월 대비 47% 이상 성장했다고 한다.

일상의 풍경마저 뒤바뀐 지금, 과연 온라인 교육은 얼마나 성장했을까? BC카드 소비 데이터를 통해 살펴본 결과 온라인 교육은 2019년 대비 2020년 1분기에 24%, 2분기에 35% 성장세를 보였으며, 1년 패키지를 등록하는 매년 초 결제가 급격하게 늘어났음을 알 수 있었다. 이러한 성장은 2020년 초에 더욱 뚜렷하게 드러났다. 반면 오프라인 교육의 경

필수 공교육 과정이 비대면 온라인 강의 위주로 변경되면서 온·오프라인 교육 전반에 큰 변화가 일었다. 전년 대비 2020년 각 분기마다 오프라인 교육업체는 계속해서 하향세인 데 반해 온라인 교육업체는 상향세를 보였다.

온·오프라인 교육의 전년대비 매출 비율 변화(2020년 기준)

업종	1분기	2분기	3분기	4분기
오프라인 학원	-26%	-32%	-10%	-8%
온라인 학원	24%	35%	27%	22%

출처: BC카드 빅데이터센터

우 2020년 2분기에 32%까지 하락세를 그리며 코로나19가 촉발한 변화의 물결에 힘없이 무너지는 모습을 보였으나 4분기에 접어들면서 조금이나마 회복 궤도에 올랐다.

언택트 시대, 교육의 미래

급작스러운 변화에 큰 타격을 맞은 오프라인 학원들은 이대로 무너지지 않기 위해 시대에 발맞춰 개선 방향을 차근차근 찾아 나가는 모습을 보이고 있다. 학생 관리 서비스가 최우선인 형태로 운영을 확장하며 학생에게 더욱 품질이 좋은 강의 자료를 제공하고 체계적으로 학생의 스케줄과 세밀한 학습 방향을 관리해주는 식의 교육 환경 시스템을 강화할 것으로 예상된다. 그러나 앞으로도 비대면 교육의 확장세는 꺾이지 않을 전망이다. 오프라인 학원은 이에 대비하여 기존 방식에 머무르지 않고 언택트 시스템을 동시에 운영하며 고품질 수업의 기반을 더욱 단단하게 다질 필요가 있다. 공교육과 대학 교육 역시 언택트 교육에 예산을 배정해 이를 확장해나갈 확률이 높다.

교육 외에도 IT 산업 관점에서 IT 강국의 저력을 기반으로 인공지능 기술과 융합한 K-교육을 해외로 전파한다면 새로운 교육 패러다임을 주도할 수 있을 것이다.

주목할 만한 점은 온라인 교육이 학생뿐만 아니라 물리적 여유가 없던 직장인들의 접근성을 높였다는 것이다. 특히 자기 계발 욕구가 강한 2030세대 직장인과 이직이 잦은 직장인 중심으로 성장세를 이어갈 것으로 보인다. 올해 초 모니터, 디지털 디바이스의 상승세가 두드러졌던 것처럼 디바이스에 익숙한 학생과 20대 초반의 청년들은 추후 대면에 무리가 없는 사회로 되돌아가더라도 비대면의 편리와 시간 효율을 긍정적으로 평가해 비대면 온라인 교육을 지속해서 이용할 것으로 예상된다. 직장인을 위한 외국어 학습, 손기술을 활용한 핸드메이드 제품 만들기, 코딩이나 영상 편집 학습과 같이 교육의 범위를 확장한다면, 다양한 산업군에서 이들을 위해 교육을 접목한 마케팅을 펼쳐볼 수 있을 것이다.

이 데이터 누가 사용할까?

유통·제조·대행업체, 온라인 마케팅 업체 트렌드 조사업체

- 온·오프라인 창업업체의 시장 규모 및 성장세 확인
- 교육업체의 언택트 사회에 발맞춘 학습 방향 재정립 및 마케팅
- 산업별 마케터의 교육 접목 마케팅 방안 수립

이 데이터 어디서 찾았을까?

- BC카드, 가구 소비 패턴 세그먼테이션 모델
- BC카드, 온·오프라인 결제 정보

39

화장품보다 성형, 재택근무의 예상 밖 파워

재택근무 시대, 성형에 대한 관심이 폭발했다

2020년 사회와 경제 전반에서 가장 특징적인 사건을 꼽자면 '마스크 대란'과 '재택근무의 활성화'일 것이다. 이로 인해 소상공인, 1인 가맹점의 대출 금액이 잇따라 증가하고, 폐점하거나 영업을 중단하는 경우가 발생했다. 이들의 매출이 급격하게 감소한 해이기도 하다.

이러한 위기 속에서 의외로 정육점, PC 하드웨어, 온라인 쇼핑몰, 미용(성형)과 같은 업종은 매출이 상승했다. 그중에도 대면 서비스의 대표격인 성형이 5~6월 사이에 열풍을 일었다. 누군가는 마스크를 착용하고 재택근무가 활성화한 상황이기 때문에 성형을 원하는 이들이 상대적으로 줄었을 것이라고 예상했을 수 있으나 현실은 반대였다. 코로나 시기 이후를 대비하는 심리와 시술 후 회복 기간에 쓸 마스크라는 좋은 보호대가 있다는 점, 그리고 성형 관련 업종에서 재난지원금을 사용할 수 있었다는 점을 바탕으로 해당 업계 매출이 반짝 상승하는 효과를 보였을 확률이 높다. 직장인들은 휴가와 재택근무 기간을 활용하여 병원을 방문하거나 학교를 가지 않고 집에서 비대면 교육을 받고 있는 학생의 경우 성형외과를 더욱 자주 찾은 것으로 추정된다. 특히 2020년 5월 지역 재난지원금이 지급된 시점부터 미용 시술에 대한 관심은 더욱 뜨거워졌고 성수기 대비 매출이 30% 이상 상승했다.

한 성형외과에서 2020년 8월 초 해당 의원을 방문한 20~50대 성인 남녀 고객 226명을 대상으로 '코로나19를 맞이한 대중의 성형에 대한 인식 조사'를 진행한 결과, 37.8%에 육박하는 사람들이 마스크를 착용하기 때문에 코로나19 이후 성형수술이나 시술을 고려하고 있다고 답했다. 앞서 추측한 성형외과가 붐비는 이유를 설득력 있게 뒷받침하는 결과다.

실제로 2020년 2분기 코로나19와 관련된 기사를 살펴보면, 재택근무를 하는 직장인과 원격으로 수업을 듣는 대학생들의 문의가 쇄도하면

코로나19 이후 성형 수술 및 시술을 고려하는 이유

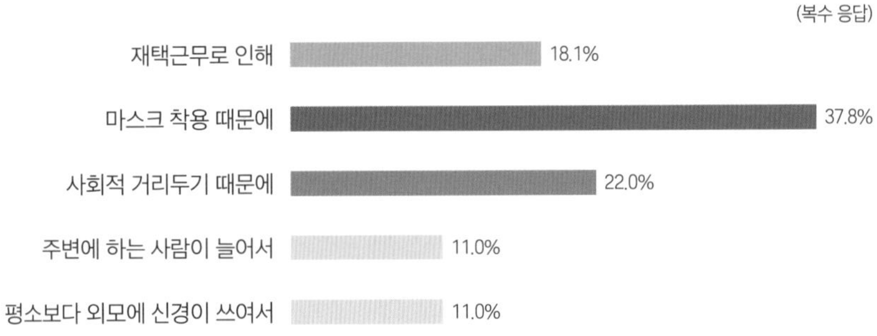

출처: 바노바기 성형외과 의원

피부 관련 업종 매출 전년 대비 증가 비율(2020년 기준)

● 지역별

지역	1분기	2분기
서울	13%	35%
부산	9%	20%
인천	14%	25%

● 성별·연령대별

연령대	성별	1분기	2분기
20대	여	12%	38%
	남	8%	21%
30대	여	14%	36%
	남	10%	17%

출처: BC카드 빅데이터센터

서 예약이 빠르게 찼다[17]는 성형업계 상황, 코로나19의 영향으로 성형외과의 매출은 급상승했으나 소아·이비인후과 매출은 급락[18]했다는 정보, 재난지원금과 재택근무 기간을 활용해 "회복 기간이 긴 성형"을 하고자 성형외과를 찾는 사람이 많아졌다[19, 20]는 소식들이 쏟아져나왔다.

BC카드가 파악한 실제 카드 소비 데이터상으로도 2020년 2분기에 전 지역과 연령대에서 피부 관련 업종 소비가 증가했다. 특히 서울 지역의 피부 관련 업종 매출도 3배 가까이 증가했으며, 20대 여성 기준으로 매출은 3배를 훌쩍 뛰어넘었다.

재택근무 이후의 시대, 어떻게 변화할까?

재택으로 교육을 받거나 근무하며 외부와의 접촉이 줄고, 마스크를 사용하는 것이 점점 익숙해지는 과정 중 성형과 미용에 대한 사람들의 관심은 지속해서 커졌다. 특히 성형이나 미용과 관련해 그간 비교적 강한 소비력을 보였던 20~30대 여성뿐만 아니라 남성의 소비력도 올라간 것으로 나타났다. 국가재난지원금 사용이 가능했던 시점과 성형외과에 사람들의 소비가 몰린 시기가 겹친다는 점 또한 흥미로운 지점이다. 이러한 분석을 바탕으로 비대면이 강화하면서 성형과 미용업계가 뷰티에 관심이 있는 이들의 눈길을 더 많이 끌었음을 알 수 있다.

그에 비해 생각 외로 다소 집중 받지 못한 화장품 업체는 이를 반전의 기회로 삼을 수 있다. 성형이나 시술 직후 피부에도 마음 편히 바를 수 있는 화장품을 찾는 소비층이 존재하기 때문이다. 한 치 앞을 알기 어려운 코로나19 정국이지만 데이터를 통해 작은 틈을 발견하고 다음 행동을 적극적으로 찾는다면 새로운 기회가 찾아올 것이다.

이 데이터 누가 사용할까?

유통업체, 대행사, 온라인 마케팅 업체, 트렌드 조사업체

- 유통업체의 고객 트렌드 파악
- 대행업체, 온라인 마케팅 업체, 트렌드 조사업체의 온라인 매출 파악 및 소비 트렌드 조사

이 데이터 어디서 찾았을까?

- BC카드, 가구 소비 패턴 세그먼테이션 TPO 모델
- BC카드, 온·오프라인 결제 정보

40

청년들의 새로운 놀이터, 양양 서퍼 비치

여름만 되면 젊은이들이 향하는 곳

여름이 오면 계절과 어울리는 레크리에이션을 찾게 된다. 특히 휴가철을 맞이하기 한두 달 전부터 지인이나 친구들과 휴가를 계획해본 경험이 있을 것이다. 최근 몇 년 사이에 급격히 성장한 서퍼 비치 양양은 부지불식간에 여름 휴가의 메카가 됐다. 대한서핑협회에 따르면 서핑 인구는 2014년 기준 4만 명이었으나 2019년 40만 명으로 불어났다고 한다. 5년 사이에 무려 10배가량 성장한 것이다.

여가 액티비티 플랫폼 프립의 조사 결과, 2019년 여름 서핑 여행 상품 예약 건수는 8,800여 건으로 800여 건에 그쳤던 4년 전에 비해 11배나 증가했다고 한다.

이처럼 서핑 문화가 열풍인 가운데, 특히 2030세대가 양양을 즐겨

2030세대를 필두로 서핑을 즐기는 인구가 급속도로 늘면서 서핑 명소 양양의 상권이 변화하고 있다.

찾고 있다. 그들에게 서핑은 식상하지 않은 스포츠이자 여름에 가장 뜨겁고도 유쾌하게 즐길 수 있는 운동이며, 세련된 래쉬가드를 입고 운동신경을 멋지게 뽐낼 수도 있다는 점, 다양한 사람과 만나서 함께한다는 점이 매력으로 다가갔다고 추측해볼 수 있다. 2030 직장인들은 휴가 시즌뿐만 아니라 금요일 저녁 혹은 주말에 당일치기로 서핑을 하는 경우도 많다고 한다.

양양 상권이 변하고 있다

2030세대가 양양으로 유입됨에 따라 해당 상권이 전과 다른 모양새로 성장하고 있다. BC카드 매출액 데이터를 통해 2017~2019년 상권이 얼마나 활성화했는지 살펴봤다.

2017년의 경우 양양 서퍼 비치 인근 카페 매출액이 눈에 띄게 증가했음을 알 수 있다. 2018년을 기점으로 숙박 매출액 또한 증가율이 20% 대로 진입하면서 양양에 일정 기간 체류하는 인구가 크게 늘어났음을 알 수 있다. 이로 인해 인근 음식점이나 카페 매출액도 함께 증가하는 환경이 조성되면서 양양 상권에 활기가 돌았다. 더불어 일상에서 수시로 SNS를 활용하는 2030 연령층에서 소비가 주로 일어났다는 점으로 미뤄봤을 때 앞으로 성장세는 더욱 커질 것으로 보인다. SNS를 통한 입소문으로 매년 더욱 많은 사람이 유입될 확률이 높다.

양양 서퍼 비치 인근 7~8월 매출액 및 점포 수 증가율

주요 지표	2017년	2018년	2019년
카페 매출액	22%	24%	27%
음식 매출액	18%	23%	34%
숙박 매출액	17%	20%	25%
점포 증가 비율	7%	10%	11%

출처: BC카드

2017~2019년 기준 양양 상권은 긍정적인 변화를 겪었으며 해당 기간에 소셜 데이터를 분석해본 결과, SNS 버즈량(온라인에서 언급된 횟수)이 지난 3년 대비 3배 이상 증가했으며, 2030세대의 유입이 가장 눈에 띈다. 검색어로는 '양양, 서핑, 서퍼'과 같이 서핑과 관련한 단어들이 여름휴가 집중 기간에 급증했다. 특히 양양 인근 상권에서 결제한 내역이 있는 이들 중 78%는 해당 기간이 본격적으로 시작되기 1~2주 전 서핑 관련 상품을 검색하고 약 48%가 온라인을 통해 그 용품들을 렌트하거나 구매하는 경향을 보였다.

2021년 개최 예정인 도쿄 올림픽에 서핑이 정식 종목으로 채택됐다. 올림픽을 거치고 나면 서핑은 단순히 여름철 한 차례 경험해보고 끝나는 체험형 취미가 아닌 운동 종목으로 더욱 큰 인기를 얻게 될 것이다.

보통 여행은 준비하는 단계부터 시작된다고들 말한다. 너른 바다로 나가야만 자연이 제공하는 놀이를 즐길 수 있다는 조건은 특수하면서도 매력적이다. 이에 마음을 뺏긴 혹은 뺏길 이들을 위해 서핑 가능 지역 인근의 정보나 새로운 취미를 시작하기 위해 준비해야 할 것을 미리 알려주는 서비스를 제공하면 어떨까? 서핑과 관련한 물품을 제작하거나 판매하는 업체라면 각 물품에 그것만의 스토리나 개성이 부여됐을 때 더 큰 반응을 일으킬 수 있을 것이다.

다른 업종에서도 서퍼들과 협업을 통한 이벤트를 기획하거나 서핑 패키지 이벤트를 준비해볼 수도 있다. 이제 기획자나 마케터가 기존 서퍼와 예비 서퍼들의 마음을 뺏을 차례다.

이 데이터 누가 사용할까?

서퍼 물품 판매 업체, 유통업체, 지자체

- 서퍼 물품 판매 업체의 재고 물량 관리
- 지자체의 지역 내 상권 분석
- 유통업체의 이커머스 수요 파악

이 데이터 어디서 찾았을까?

- BC카드, 가구 소비 패턴 세그먼테이션 모델
- BC카드, 오프라인 결제 정보
- BC카드, 온라인 구매 품목

41

인플루언서, 최대 후원자는 누구인가?

2020년, 인플루언서의 전성기

꾸준히 상승세를 이어온 1인 유튜버와 블로거, 인스타그램 스타에 대한 관심이 연령대 상관없이 그 어느 때보다 높게 나타나고 있다. 더불어 비대면 서비스가 급격히 확산하면서 모든 연령대의 유튜브 사용 시간은 최근 3년간 꾸준히 상승했다. 최근에는 우리나라 국민 83%가 유튜브를 한 달 평균 약 30시간 시청하는 것으로 나타나기도 했다. 특정 키워드 검색량을 조회할 수 있는 사이트 블랙키위를 통해 온라인상에서 유튜버나 인플루언서를 언급하는 양 또한 현저히 늘어나는 추세임을 확인할 수 있다.

주변에서 1인 크리에이터를 꿈꾸는 사람을 어렵지 않게 볼 수 있는 시대다. 직장인 사이에서도 흔히 안정적이라고 생각하는 직장을 퇴사하

연령대별 키워드 '인플루언서' 검색 비율 (2020년 10월 기준)

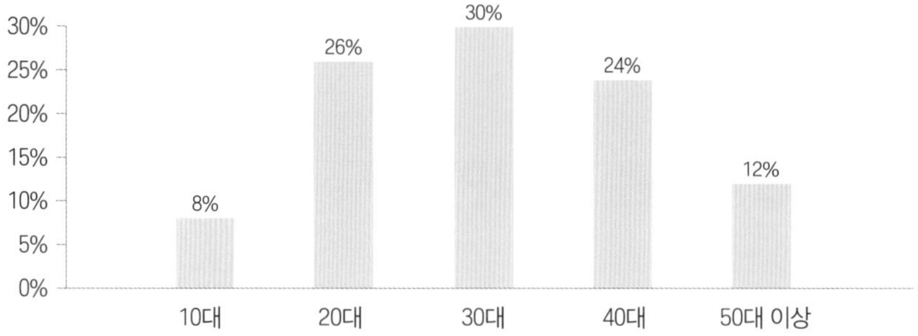

출처: 블랙키위

고 1인 미디어에 도전하며 제2의 인생을 여는 이들이 점차 늘고 있다. 크리에이터라는 직업이 이렇게 주목받는 이유는 무엇일까? 재미있게 일한다는 이미지와 직업적 특성 외에도 콘텐츠 생산자에게는 일에 대한 주체성이 있고, 콘텐츠의 인기에 따라 경제적 소득이 충분하게 발생한다는 인식 때문일 것이다.

생산자가 소비자가 되고, 소비자가 생산자가 되는 선순환 경제 생태계가 확장되고 있는 지금, 크리에이터 시장의 주된 소비자가 누구인지 알 수 있다면 시장의 긍정적인 활성화를 도모할 수 있을 것이다. 경제력은 작지만 트렌디한 20~30대가 주축일 수도, 트렌드에 눈이 밝은 편은 아니지만 경제력은 막강한 40~50대가 주된 소비자일 수도 있다. 이들의 정체를 파악하기 위해 OTT 서비스를 최전선에서 이끄는 유튜브를 통해 유튜버 팬덤의 영향력을 살펴보고자 한다.

인플루언서 후원하는 절대다수 4050세대

실제 BC카드 온라인 매출을 기반으로 아프리카TV 등 방송 플랫폼에서 별풍선이나 캐시 등을 제공했던 고객을 온라인 방송 후원자로 가정하고 분석을 진행했다. 한 방송 플랫폼에서 카드 결제나 상품권 등을 통해 충전할 수 있는 캐시 머니를 사용한 고객을 기반으로 확인해본 결과, 구매 건수에 있어 20~30대가 40~50대 대비 약 2.5배 높았으며 객단가는 상대적으로 2만 원가량 낮은 것으로 나타났다. 특히 온라인 방송에서 후원하는 금액에 있어 40~50대의 씀씀이는 30대 연령층보다 평균 객단가가 1만 원 이상 높은 경향을 보였다.

좀 더 명확하게 분석하고자 방송 플랫폼인 아프리카TV에서 발생하

주체적으로 일하고, 콘텐츠의 인기에 따라 경제적 소득 또한 충분하게 얻을 수 있다는 관점에서 많은 사람이 1인 크리에이터를 꿈꾼다. 생산자가 소비자가 되고, 소비자가 생산자가 되는 선순환 경제 생태계가 확장되고 있다.

아프리카TV 내 매출 금액 비율(2020년 6~8월 기준)

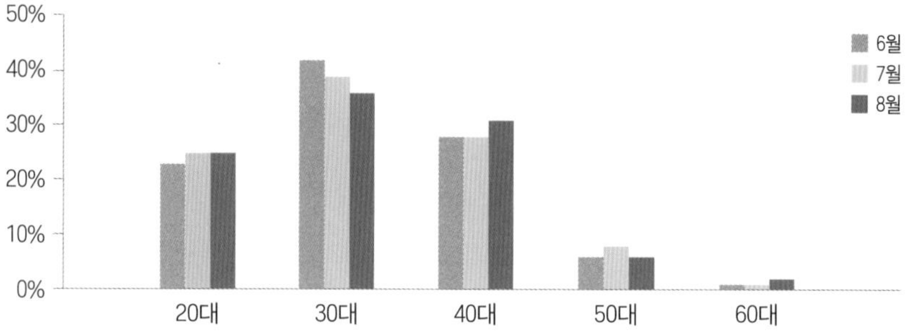

출처: BC카드 빅데이터센터

아프리카TV 내 매출 건수 비율(2020년 6~8월 기준)

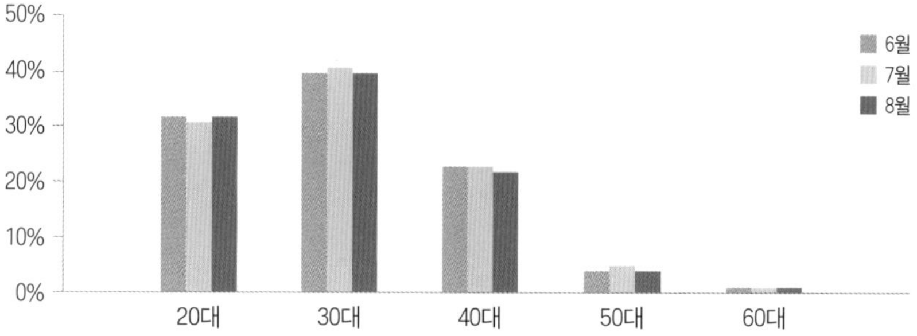

출처: BC카드 빅데이터센터

는 결제 매출액과 매출 건수를 비교했다. 해당 자료만으로 전체 시장을 대변하기는 힘들지만, 추세를 파악하는 데 참고할 만하다. 베이비부머 세대 중 시간과 돈이 풍족한 연령대는 높은 객단가로 소비하며 앞으로 이들 세대가 모두 은퇴하는 시점에는 해당 시장이 더욱 성장할 확률이 높다. 또한 방송 플랫폼에 익숙하고 시장에 대한 관심도가 높은 20~30대 역시 큰손으로 떠오를 것으로 보인다.

앞으로 빅데이터, AI, 5G, 반도체, 자율주행을 중심으로 만들어지는 생태계가 점차 확장하면서 AR, VR을 비롯한 엔터테인먼트 시장이 더욱 커질 것이다. 이에 따라 크리에이터 시장도 빠른 속도로 몸집을 불릴 것으로 예상된다. 현재 주목할 만한 특징을 지닌 연령대 외에도 상대적으로 이용 비중이 다를 뿐 전 연령층이 고루 OTT 서비스를 이용한다. 콘텐츠가 넘쳐나는 시대에 모든 연령층이 안전하게 정보를 생산하고 소비하는 생태계로 커가는 동안 이 시장은 언제나 블루오션이다.

이 데이터 누가 사용할까?

유통·대행업체, 온라인 마케팅 업체, 트렌드 조사업체

- 유통업체의 고객 트렌드 파악
- 대행업체, 온라인 마케팅 업체, 트렌드 조사업체의 온라인 매출 파악 및 소비 트렌드 조사

이 데이터 어디서 찾았을까?

- BC카드, 가구 소비 패턴 세그멘테이션 TPO 모델
- BC카드, 온·오프라인 결제 정보

42

어린이가 된 어른들

초보여도 좋아, 어린이라고 할지라도

헬스 초보자 헬린이, 골프 초보자 골린이, 캠핑 초보자 캠린이까지 이제 특정 명사 뒤에 초보자를 뜻하는 '~린이'를 붙이는 용어들이 낯설지 않게 됐다. 이렇듯 바쁜 일상 속에서 새로운 취미에 도전하며, 스스로 어린이가 되기를 자처하는 어른들이 늘고 있다.

코로나19의 영향으로 외식을 줄이고 집에서 요리를 즐기기 시작한 요린이(요리와 어린이의 합성어), 사회적 거리 두기 실천을 위해 도심을 떠나 자연으로 향하는 '등린이(등산과 어린이의 합성어)와' '캠린이(캠핑과 어린이의 합성어)'가 늘었다. 뿐만 아니라 급락과 급등을 반복하는 주식시장에 뛰어들며 일명 '동학개미운동'을 이끈 '주린이(주식과 어린이의 합성어)'까지 등장했다.

'○린이' 검색량 변화(2019년 9월~2020년 8월 기준)

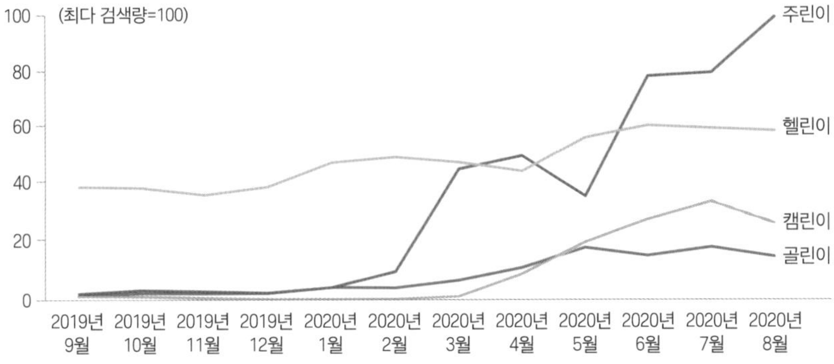

출처: 네이버 데이터랩

2019년 9월부터 2020년 8월을 기준으로 SNS 검색량을 살펴보면 '헬린이'의 검색량은 큰 변화가 없는 반면, 2020년 초반 코로나19 팬데믹과 함께 주린이, 캠린이의 검색량이 급증했다. '○린이'의 등장은 우리 사회 트렌드를 그대로 반영하고 있는 것이다.

단순한 취미 no, 중요한 건 '장비 빨'

새로운 취미에 도전하는 사람들, 일명 '○린이'들은 일상의 스트레스를 취미로 풀며 그 속에서 행복과 즐거움을 찾는다. 동시에 단순히 취미 수준을 뛰어넘고자 '열정'을 가지고 '지속적'이고 '체계적'인 시도와 훈련을 통해 실력을 향상시키며 '보람'을 느끼고 있다. '○린이'들이 취미를 통해 얻는 행복과 성장하고자 하는 열정은 그들이 SNS에 '취미스타그램'이라는 검색어와 함께 남기는 연관 감성어 분석을 통해 확인할 수 있다.

'취미스타그램' 연관 감성어 분석
(2019년 1~6월 기준)

출처: BC카드 SMA

요린이는 요리 전문가로, 등린이는 등산 전문가로, 캠린이는 프로 캠퍼로 성장하기 위해 필요한 것은 바로 열정과 장비 아닐까?

2020년 3~6월 기준으로 2030세대의 취미 활동과 관련한 등산, 캠핑, 골프, 건강용품의 소비는 전년 동기 대비 평균 약 70% 증가한 것으로 나타났다. 반면 같은 기간 4050세대의 소비 증가율은 약 12%에 그쳐, 2030세대 중심의 '○린이'들이 새로운 취미를 위해 더 적극적으로 소비했다는 것을 확인할 수 있다.

스포츠웨어를 포함한 등산용품의 경우 전년 동기 대비 전체 판매량은 26% 증가했다. '#산스타그램'을 즐기는 '#등린이'들이 새로이 등산 의류들을 사들이기 시작했으며 그중 특히 2030세대의 등산용품 관련 소비는 전년 대비 56%나 늘었다.

또한 캠핑용품 전체 소비는 전년 대비 67% 증가했으며 캠핑의 재미에 빠진 2030세대에서 캠핑용품 소비가 106% 증가했다. 품목별로는 텐트, 일반 캠핑용품, 취사 용품 순으로 크게 증가했으며, 소비 규모로 봤을 때 기존 캠퍼들보다 이제 막 캠핑을 시작하는 초보 캠퍼들이 캠핑용품의 성장을 주도했다고 볼 수 있다.

2030세대 '골린이'들의 골프용품 구매 금액 또한 전년 대비 42% 증

새로운 취미 생활을 시작한 2030세대가 취미 활동에 필요한 장비를 적극적으로 구매하면서 캠핑용품과 등산용품의 매출이 크게 증가했다.

연령별 취미 용품 소비 증가율(2019년 vs 2020년 3~6월 기준)

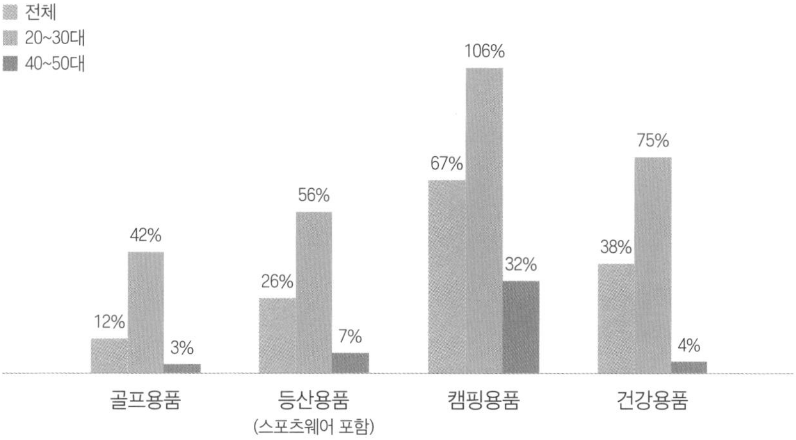

출처: BC카드 빅데이터센터

가했다. 과거에 비해 골프가 대중화되고, 코로나19 이후 해외여행이 제한되면서 국내에서 골프를 시작하거나 해외여행 대신 국내 골프 여행을 택하는 추세다. 이에 따라 골프용품에 대한 소비가 전체적으로 전년 대비 약 12% 증가했다.

언택트 사회가 찾아오면서 겪게 된 허전함을 취미로 달래는 사람들이 늘고 있다. 이들은 바쁜 일상 속에서 단순한 취미를 넘어 꾸준히 발전하는 자신의 모습을 통해 스스로 보람과 즐거움을 찾고자 노력하고, 아낌없이 이를 위해 소비한다. 취미와 자기 계발에는 끝이 없다. 그만큼 기획에 목마른 이들에게 소재거리가 넘쳐난다는 의미이기도 하다. 앞으로 어떤 '○린이'들이 새롭게 등장하며 관련 용품 시장의 성장을 이끌지 유심히 살펴보자.

이 데이터 누가 사용할까?

제조업체, 유통업체, 증권사

- 등산용품 제조업체의 '등린이'를 타깃으로 한 젊은 감성의 등산복 출시
- 제조업체의 '○린이'와 연계한 제품 생산 전략 수립
- 유통업체의 '캠린이'를 타깃으로 한 기획전 개최 및 '○린이' 관련 용품 마케팅 전략 수립
- 증권사의 '주린이'를 타깃으로 한 신규 계좌 개설 마케팅 시행 및 '○린이' 관련 제품 판매 실적에 대한 기업 투자가치 평가에 반영

이 데이터 어디서 찾았을까?

- 네이버 데이터랩DataLab 검색어 트렌드
- BC카드, 온라인 카드 소비 데이터
- BC카드, SMA

43

소비, 욜로를 넘어 플렉스하다

2030 욜로를 넘어선 '플렉스'

인생은 한 번뿐이라며 자신의 행복을 가장 중요하게 생각하고 소비하는 '욜로' 지향 태도는 취미 생활, 자기 계발, 여행과 관련된 곳에 아낌없이 돈을 쓰는 하나의 소비 트렌드가 됐다. 그런데 코로나19로 깊어진 불황 속에서 해외여행을 떠나거나 외식을 하는 것과 같은 소비가 급격히 줄어들면서 2030세대에 새로운 소비 바람이 불었다. 바로 '플렉스flex' 열풍이다. 처음에 이 말은 등이나 팔과 같은 신체 부위를 구부리며 근육을 자랑하는 행동을 뜻했지만, 이후 힙합 가수들이 재력이나 귀중품 등을 자랑하는 행동을 가리키는 말로 의미가 확장됐다. 그리고 현재 많은 돈을 쓰거나 명품과 같은 고가의 상품을 구입하며 과시할 때 "플렉스했다"고 표현하는 것을 자주 볼 수 있다.

소득이 낮고 소비 또한 적지만 차만큼은 비싼 제품을 끄는 '카푸어' 트렌드가 낮은 연봉에도 과감하게 명품 자동차를 소유하는 '플렉스' 트렌드로 넘어가고 있다.

불황에도 2030세대의 거침없는 '플렉스' 소비가 증가하고 있다.[21] 2020년 상반기 기준 신세계백화점의 20~30대 고객 명품 매출은 전년 동기 대비 30.1% 증가했다. 외제 차 시장에서도 2030세대의 존재감이 컸다. 한국수입자동차협회에 따르면 2020년 상반기에 수입차를 구매한 개인 고객의 36%가 10~30대였다. 가격이 6,000만 원대인 BMW 520 모델의 경우 상반기에 판매된 2,665대 중 1,362대가 2030세대에 팔렸다고 한다. 이들은 명품과 외제 차 소비를 넘어 금융업계에서도 두각을 나타낸다. 기존 중·장년층을 타깃으로 한, 연회비가 높고 카드 제작 비용까지 별도로 받는 프리미엄 카드에 2030세대가 몰리고 있는 것이다.

소득·연령별 외제 차 구매 비중

소득	20대	30대	40대	50대	60대	70대	80대
2,000만 원 미만	0.0%	0.0%					
2,000만 원 이상 ~3,000만 원 미만	1.7%	4.2%	0.0%	0.0%	1.2%	0.5%	0.1%
3,000만 원 이상 ~4,000만 원 미만	0.9%	12.9%	7.0%	5.2%	8.8%	2.7%	0.5%
4,000만 원 이상 ~5,000만 원 미만	0.0%	5.3%	11.6%	7.9%	3.6%	0.7%	0.1%
5,000만 원 이상 ~6,000만 원 미만		0.9%	8.1%	6.2%	0.4%	0.1%	0.0%
6,000만 원 이상 ~7,000만 원 미만			1.4%	1.0%	0.1%	0.0%	0.0%
7,000만 원 이상 ~8,000만 원 미만			0.8%	0.8%	0.1%	0.0%	0.0%
8,000만 원 이상 ~9,000만 원 미만	0.0%		0.4%	0.5%	0.1%	0.0%	
9,000만 원 이상 ~1억 원 미만			0.9%	0.8%	0.1%	0.0%	0.0%
1억 원 이상			0.6%	0.9%	0.3%	0.1%	0.0%

출처: BC카드 빅데이터센터

그 비싼 차들은 다 누가 타는 걸까?

2030세대의 '플렉스' 소비는 오늘날에만 있는 일이 아니다. 소득은 낮지만 경제력에 비해 비싼 차를 구매해서 생활이 궁핍해지는 '카푸어' 문제가 꽤 오래전 사회적 이슈로 대두됐다. '카푸어'에서 '플렉스' 트렌드로 넘어가면서 양상은 어떻게 바뀌었을까? 이를 파악하기 위해 2020년 5월부터 10월까지 6개월간 외제 차를 구입 또는 계약한 고객의 소득 구간과 연령별 분포를 살펴봤다.

외제 차 구매 분포로 봤을 때 놀랍게도 연평균 3,000만 원대 소득 구간에 있는 30대의 외제 차 보유 비중이 가장 높았다. 소득이 다소 낮은 20대 그룹에도 외제 차를 구매한 청년이 분포되어 있는 것 또한 주목할 만하다. 그렇다면 연봉이 다소 낮은 20~30대는 명품 자동차를 소유하느라 그 외 소비는 거의 없는 '카푸어'일까, 명품 소비까지 함께 즐기는 '플렉스' 집단일까? 해당 구간에 포함된 청년들이 가장 많은 돈을 쓴 업종의 상위 10순위를 살펴봤다.

270개 업종 중 온라인, 백화점 소비 금액이 각각 1위, 7

소득 구간 4,000만 원 미만 2030세대가 가장 많이 소비한 항목 10순위

순위	업종 소분류	업종 대분류
1	온라인 쇼핑몰	쇼핑
2	수입 자동차	주유·자동차
3	일반 한식	음식
4	조세 서비스	보험·요금
5	대형 할인점	유통
6	손해보험	보험·요금
7	백화점	쇼핑
8	슈퍼마켓	유통
9	편의점	유통
10	골프장	숙박·레저

출처: BC카드 빅데이터센터

위를 차지했다. 골프장에서 소비하는 금액이 10위, 조세 서비스나 손해 보험의 요금 납부가 상위에 분포되어 있었다. 각종 세금과 보험 납부 금액이 높다는 것은 세금을 납부할 자산을 소유하고 있다는 의미다. 또한 보험을 납부하는 경우 자신의 미래를 착실하게 준비하는 사람으로 여겨진다. 그래서 단순히 소비를 즐기는 '카푸어'라기보다 자신의 경제력을 과시하는 '플렉스'에 가까울 것으로 추측할 수 있다.

비행기를 타고 떠난 머나먼 타국에서, 여행 전후에 면세점에서 소비하던 2030세대가 국내에서 손 크게 소비하는 형태로 옮겨가면서 구매력이 높아진 이들을 대상으로 많은 기업들이 새로운 마케팅을 고민하고 있다. 유통업체나 자동차 제조업체의 경우 한 영역뿐만 아니라 여타 시장의 전반적인 상황을 살펴 소비 트렌드를 파악하면 의외의 마케팅 아이디어를 찾을 수 있을 것이다.

이 데이터 누가 사용할까?

유통업체, 자동차 제조업체

- 자동차 제조업체의 타깃 마케팅에 활용
- 유통업체와 백화점의 2030세대를 겨냥한 이벤트 기획 및 마케팅 활용

이 데이터 어디서 찾았을까?

- BC카드, 외제 차 구매 데이터
- BC카드, 업종별 구매 트렌드
- BC카드, 소득 추정 모델

44

도시락 열풍, 메뉴판 정보를 활용하는 방법

오피스 상권, 점심시간 풍경이 달라졌다

최근 집과 동네로 소비의 중심이 이동하면서 한때 호황을 누리던 기존 오피스 상권의 음식점들은 갑작스럽게 고객을 잃었다. 재택근무나 휴직으로 출퇴근을 하지 않는 직장인이 크게 늘었을 뿐만 아니라 꾸준히 출근하는 직장인들마저도 식사할 때 다른 사람과 접촉을 피하고자 도시락을 찾기 때문이다.

도시락과 다양한 밑반찬이 대표 상품으로 자리를 굳히며 편의점의 매출이 크게 상승했고, 배달 앱 배달의민족에 따르면 8월 17일부터 30일까지 도시락 카테고리 주문 수가 직전 2주와 비교할 때 15.5% 늘었다고 한다. 해당 기간 전체 주문 증가율은 13.9%였는데, 도시락 주문 증가율이 전체 평균보다 높았다.[22] 직장 내 도시락 열풍이 불고 있는 것이다.

비대면 문화와 재택근무의 확장으로 큰 타격을 입은 오피스 상권 요식업계는 변화에 발맞춰 다양한 도시락 메뉴를 선보이고 있다. 시간대와 무관하게 도시락 메뉴는 인기다.

이에 따라 오피스 상권의 음식점도 변화한 환경에 적응하기 위해 속속 도시락 메뉴를 추가하기 시작했다. 하지만 상대적으로 음식 가격이 높아 수익성이 좋은 저녁시간대에도 도시락 메뉴를 추가해 가게를 운영하는 것이 작은 식당에는 큰 부담이다. '도시락 열풍'이라는 말이 과연 저녁시간대에도 적용될까? 가게 운영자의 입장에서 손님들이 저녁 식사로 도시락을 선택하지 않을 것 같다는 불안감이 있으나 정확한 사실을 알기는 어렵다. 이를 확인하는 데 도움이 되는 데이터가 바로 메뉴판 즉, 매출 관리 업체를 통해 파악이 가능한 메뉴의 정보다.

오늘 저녁은 도시락?

메뉴판을 통해 음식점별 메뉴 데이터를 확보한 후 메뉴명에 '도시락'이

들어간 가맹점의 4월 매출액을 100으로 가정하고 월별 매출액을 비교해 봤다. 저녁시간대 매출은 코로나19로 인한 거리 두기 단계가 일부 완화되어 일시적으로 매출이 증가한 5월 이후 다시 점차 감소하고 있는 반면에 점심시간대 매출은 지속해서 증가하는 것을 확인했다. 식당을 이용할 때 한 자리씩 띄어 앉게 하는 등 손님이 줄어들 수밖에 없는 상황을 도시락 점심 메뉴로 메꾸고 있는 것이다.

또한 메뉴에 도시락이 있는 음식점의 시간대별 매출액도 11시부터 14시까지 점심을 먹는 시간대와 18시부터 21시까지 저녁 식사를 하는 시간대에 매출이 집중된 모습을 보였다. 이는 코로나19의 영향으로 점심에 도시락 위주로 장사를 하더라도 저녁에는 기존 방식 그대로 대면 장사를 할 것이라는 예상과 달리 점심, 저녁 구분 없이 도시락 메뉴가 더 큰 인기를 모으며 추가로 팔린 경우가 많아 나타난 결과라고 볼 수 있다.

'도시락' 메뉴 판매 가맹점의 시간대별 매출 비중(2020년 4~9월 기준)

일 매출액의 평균=100%

	9시	10시	11시	12시	13시	14시	15시	16시	17시	18시	19시	20시	21시	22시	23시
4월	12%	34%	128%	141%	89%	56%	48%	34%	56%	87%	126%	136%	88%	53%	34%
5월	12%	35%	125%	160%	105%	63%	57%	45%	62%	110%	157%	163%	120%	64%	38%
6월	11%	31%	134%	161%	105%	70%	47%	43%	58%	98%	143%	155%	102%	56%	38%
7월	12%	46%	139%	163%	107%	55%	59%	43%	58%	87%	132%	136%	99%	5%	34%
8월	9%	28%	139%	156%	108%	58%	42%	41%	57%	90%	121%	126%	78%	43%	27%
9월	15%	48%	171%	155%	97%	60%	45%	51%	63%	86%	112%	119%	67%	34%	18%

출처: BC카드 빅데이터센터

이를 확인하기 위해 추가로 온라인 배달 음식 메뉴 중 '도시락'이 들어간 매출의 건수 비중을 비교했다. 그 결과 점심 시간대 도시락 주문 비중이 저녁시간대 주문 비중보다 상대적으로 크지 않았다. 저녁시간대에도 여전히 도시락 식사에 대한 수요가 높은 것이다.

시간대별 도시락 메뉴 배달 주문 비중

메뉴 이름 내 '도시락' 포함 유무	11~15시	18~22시
포함	1.9%	1.0%
미포함	98.1%	99.0%

출처: BC카드 빅데이터센터

저녁시간대에도 도시락 메뉴를 만들어서 팔아야 하나 고민했던 음식점 운영자라면 가게의 단골 손님이 주로 찾던 한 상 차림을 집이나 회사에서도 편안하게 즐길 수 있는 도시락 저녁 메뉴로 준비해보자. 기존 손님들을 만족시키면서 변화한 식사 문화 속에서 매일 다른 저녁 메뉴를 찾아 헤매는 새로운 손님도 만날 기회가 될 것이다.

이 데이터 누가 사용할까?

요식업 프랜차이즈, 요식업 종사자

- 요식업 종사자 및 기업의 잘 팔리는 음식 메뉴 트렌드 파악 및 새로운 메뉴 기획
- 요식업 프랜차이즈의 메뉴 변경

이 데이터 어디서 찾았을까?

- 가맹점 POS, 가맹점 매출 관리 서비스 앱 운영사(가맹점주의 동의 기반 획득)
- BC카드, 메뉴 정보(POS·매출 관리 앱 운영사와의 제휴)와 가맹점 매출 정보, 온라인 품목 정보

BIG DATA

부록

코로나 이펙트

45

코로나와 흑사병

BC와 AC

퓰리처상을 수상한 세계적인 칼럼니스트 토머스 트리드먼은 최근 BC를 '코로나 이전Before Corona', AC를 '코로나 이후After Corona'로 부르며 "세계는 코로나 이전과 이후로 나뉠 것"이라 주장했다. 2020년의 새로운 해가 뜰 때까지만 해도 그 누구도 코로나의 발병과 이로 인한 변화를 예상하지 못했다.

그러나 2021년을 앞두고 쏟아지는 수많은 트렌드 도서와 관련 서적에서 '코로나19'를 언급하지 않는 경우가 없다. 예를 들어, 대표적인 트렌드 도서인 《트렌드 코리아 2021》에서도 코로나19와 관련한 주제인 '브이노믹스Coming of 'V-nomics''를 가장 먼저 소개하고 있으며, 바이러스로 촉발된 인간 소비 행태의 변화를 여러 주제에 걸쳐 논한다. 그만큼 많은

카드 소비 데이터의 구성

출처: BC카드 빅데이터센터

변화가 일어나고 있다.

코로나19로 인한 사회·행태적 변화를 정서와 연결 지어 해석하는 이들도 있고, 의료나 통신과 같은 각 분야의 데이터로 읽어내기도 하지만, 일상에 찾아온 변화를 직간접적으로 가장 잘 반영하고 있는 것은 생활과 밀접한 카드 소비 데이터일 것이다. 소비 데이터에는 누가, 언제, 어디서, 어떻게, 무엇을 했는지 알 수 있고, AI 모델링을 통해 소비 이유를 간접적으로나마 알 수 있기 때문이다. 이에 따라 소비 데이터를 통해 코로나19가 발생시킨 생활의 실질적인 변화를 알아봄으로써 앞으로 변화할 트렌드를 함께 살펴보고자 한다.

흑사병이 변화시킨 중세 경제·사회·문화

코로나19가 지금 당장에 큰 변화를 일으키고 있지만, 최근 들려오는 소식처럼 백신만 개발된다면 일상을 되찾고 갑작스럽게 다가온 변화들은 곧 사라질 것이라고 생각하는 이들이 많다.

그러나 '역사는 미래'라는 말처럼 과거 대유행했던 질병의 역사를 살펴보면 지금 몰아 닥친 변화는 경제에만 국한된 단기적 변화가 아니라 앞으로 경제와 사회·문화를 통틀어 발생할 변화라는 것을 알 수 있다.

가장 대표적인 예가 흑사병pest이다. 흑사병은 14세기부터 17세기까지 유럽을 휩쓸었다. 이탈리아와 프랑스, 독일, 모스크바까지 유럽 전역을 덮쳤고 약 2,400만 명의 목숨을 앗아갔을 것으로 추정한다. 당시 농업의 비중이 높았던 중세 유럽에서 흑사병으로 인한 인구의 감소는 생활 전역의 변화로 이어졌다. 기존 봉건사회에서 영주들은 풍부한 노동력 덕

분에 농민들을 쉬이 부릴 수 있었으나, 질병으로 인해 인구가 큰 폭으로 감소하자 살아남은 농민들의 노동력 가치가 급상승했다.

금납으로 화폐가 유통되면서 이는 상업의 발달로, 새로운 중산층의 등장으로, 그리고 토지 중심의 봉건제에서 벗어나 도시의 발달로 이어졌다. 여기에 신의 아들인 교회의 성직자마저 흑사병을 피하지 못하자 종교에 대한 믿음이 약화하면서 종교 중심으로 사유하던 중세 문화가 인간 중심으로 옮겨가는 계기가 됐다.

그 결과 숱한 사람들을 죽음으로 내몰았던 흑사병이 일으킨 변화는 역설적이게도 유럽 역사에 가장 찬란한 페이지 중 하나인 르네상스로 이어졌다. 코로나19 역시 마찬가지일 것이다. 백신이 개발돼 위기를 극복하더라도 단순히 아침 출근길에 갑갑했던 마스크를 벗어 던지는 것으로 상황이 끝나지 않을 것이다. 이미 우리는 언택트 문화, 온라인 소비 집중화, 오프라인 소비의 파편화, 재난지원금과 같은 대규모 부양책 등 수많은 변화를 경험하고 있다.

코로나 Before, Now, After

코로나19는 흑사병이 그랬던 것처럼 경제에 큰 변화를 이끌고 있다. BC카드 빅데이터센터는 코로나19가 확산하기 전과 현재의 소비 데이터를 비교해 대표적인 소비 트렌드 변화를 '언택트 소비'와 '온라인 소비 집중화', '오프라인 소비의 파편화'로 추렸다.

최근 비대면이 사람 사이뿐만 아니라 소비에서도 강화됐다. 첫 번째 변화인 '언택트 소비'를 온라인 결제와 오프라인 모바일 결제(삼성페이,

연령대별 언택트 결제 건수 증가율(전년 동기 대비 2020년 1~11월 기준)

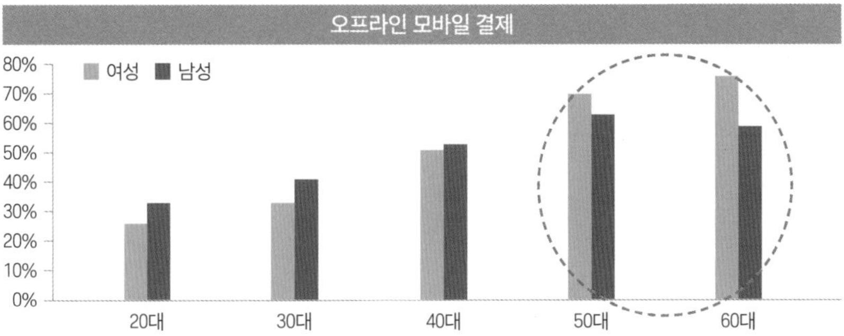

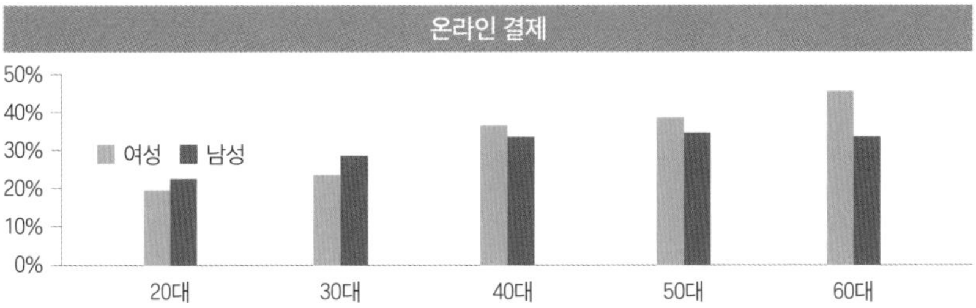

출처: BC카드 빅데이터센터

QR코드 등을 사용한 결제)로 정의하고 전년 대비 2020년 해당 소비의 증감률을 확인했다. 그 결과 언택트 방식으로 결제한 비중이 각각 44%, 20% 이상 증가했고 디지털 결제에 취약했던 5060세대 역시 액티브 시니어를 중심으로 2030세대 못지않게 언택트 방식으로 소비하는 비중이 늘었다. 전년도 소비 트렌드를 '우린 점점 더 디지털로 소비한다'라고 정의했다면, 코로나19 이후 '우린 디지털로 소비한다'고 재정의할 수 있다.

두 번째 '온라인 소비 집중화'는 대형 플랫폼이 시장을 독점하면서 더욱 급격하게 이뤄졌다. 코로나19 영향으로 증가한 온라인 소비를 발빠르게 흡수한 기존 대형 플랫폼들이 몸집을 더 키우면서 이와 같은 현

근거리 vs 원거리 소비 비중 비교
(2018년 vs 2020년 1~3월 기준)

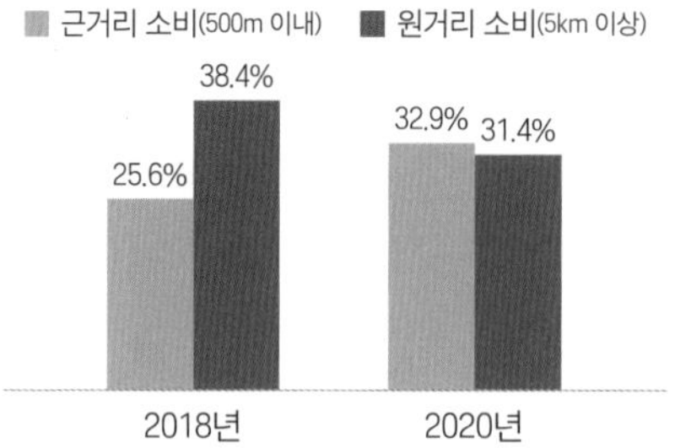

출처: BC카드 빅데이터센터

상의 강화에 속도가 붙었다. 매출액 기준 100대 온라인 가맹점이 전체 온라인 PG[Payment Gateway](온라인 가맹점의 전자결제를 대행하고 수수료를 얻는 방식) 결제액에서 차지하는 비중은 약 1년 만에 81.7%에서 98.2%로 크게 증가했다. 100대 온라인 가맹점이 곧 시장 전체라고 봐도 무방한 상황이다.

마지막 '오프라인 소비 파편화'는 집객의 어려움, 재택으로 근무하는 문화, '홈쿡', '홈트'와 같이 집에서 모든 것을 해결하는 문화의 성장을 바탕으로 발생했다. BC카드 사용자의 자택을 중심으로 근거리에서 발생하는 소비 비중이 원거리 소비 비중을 역전했고, 자택 반경 500m 이내에서 거의 모든 소비가 이뤄지는 '동네 소비형' 고객 수가 3%p 이상 크게 증가한 점을 봤을 때 동네 소비 문화는 앞으로 일상화될 가능성이 높다.

이처럼 코로나19 확산 전과 현재를 데이터로 비교해보면, 그 변화폭이 너무나 커 앞으로 전과 같을 수 없을 것이라는 예측이 가능하다. 현재 진행형의 변화뿐만 아니라 예상하지 못한 변화가 추가로 일어날 수 있다. 흑사병에 따른 인구 감소와 경제적 변화가 생각지도 못한 인류의 황금기 르네상스로 이어진 것처럼 말이다.

데이터를 통해 이를 알아보고 변화에 기민하게 대처한다면 재생, 부활의 의미를 지닌 르네상스처럼 AC[After Corona] 시대의 첫 시작은 바이러스로부터의 부활, '브이르네상스[V-Renaissance]'가 될 것이다.

동네 소비형 고객 특성

출처: BC카드 빅데이터센터

이 데이터 누가 사용할까?

기업 및 자영업자, 마케터

- 현재 오프라인 매장을 운영하는 기업과 자영업자의 코로나 시대 준비 시 활용
- 자영업자의 현 상황 파악 및 AC 시대 준비
- 마케터의 마케팅 타깃 설정

이 데이터 어디서 찾았을까?

- BC카드, 업종별 소비 데이터
- BC카드, 가구 소비 패턴 세그먼테이션 모델

46

소비는 줄지 않는다, 단지 변화할 뿐

회사 생활과 서울살이를 동시에 시작한 2년 차 신입사원 A 씨. 오늘은 재택근무일이다. 매일 출근하는 사람으로 붐비는 지옥철 대신 오늘은 늦게까지 자다가 일어났다. 컴퓨터만 켜면 근무 준비는 끝난다. 오늘은 화상 회의도 잡혀 있지 않고, 보는 눈이 없으니 화장은 생략하고 간단한 세안 후 피부 관리 제품만 바른다.

점심시간이 다가와 배달 음식을 미리 시켜놓고, 평소 회사 근처의 자주 찾는 스타벅스 대신 집 앞 동네 카페에서 커피를 테이크아웃한다. 재택근무를 하면 비일상이라는 느낌에 종종 즐겁기도 하지만, 마냥 편하지만은 않다. 할 일은 똑같이 남아 있고, 사무만을 위해 조성된 사무실이 아닌 공간에서 근무하다 보니 작은 모니터와 책상이 불편하게 느껴진다. 재택근무가 이제는 사회적으로 자연스러운 근무 형태가 되어간다는 생각에 모니터를 하나 더 구매해 듀얼 모니터를 설치할지 고민한다.

저녁 6시, 근무를 마치고 컴퓨터를 끄면 곧바로 개인 시간이다. 이제는 익숙해진 마스크를 챙겨서 동네 식당으로 향한다. 작년만 해도 친구들과 약속을 잡으면 사람이 붐비는 거리에서 주로 만났지만, 올해는 동네 식당에서 간단하게 식사하는 것이 익숙해졌다.

작년부터 건강 관리를 위해 다니던 헬스장이 코로나19로 잠시 문을 닫았다가 다시 개장했으나 마스크를 낀 채 운동하는 것은 역시나 갑갑하다. 최근 알게 된 홈트 유튜버의 영상을 보며 열심히 따라 했지만 그것도 며칠뿐이다. 사실 유튜버의 영상과 아래에 사람들이 단 댓글을 읽는 것이 더 재밌다. 모로 누워 온갖 우스갯소리들을 보다가 나도 모르게 잠든다.

코로나 시대, 우리의 소비는 안녕한가

코로나19로 인해 영업 환경이 크게 달라지면서 어려움을 겪는 소상공인들에 대한 기사가 올해 수도 없이 쏟아졌다. 현재 생활 형편, 가계 수입 전망, 소비 지출 전망 등 6개의 개별지수를 표준화하여 합성한 소비자심리지수CCSI는 소비자심리를 종합적으로 판단하는 데 이용한다.

코로나19가 처음 확산되기 시작한 지난 1월 소비자심리지수가 2008년 세계 금융 위기 수준까지 떨어졌으며, 전국 다양한 가맹점 업종 중 가장 많은 수를 차지하는 요식업종 매출은 11월 기준으로 전년 동기 대비 5.2%(약 1조 원)나 떨어졌다. 감염에 대한 위험과 이로 인한 대면 소비의 위축은 많은 요식업종 가맹점에 큰 타격일 수밖에 없었고, 창업과 폐업이 일상처럼 반복되는데도 불구하고 폐업한 가맹점 수가 2020년 현재까지 약 11만 개에 달한다. 자영업자들은 벼랑 끝에 몰린 심정으로 구제를 기다리고, 정책 담당자들은 급변하는 상황을 주시하며 대책을 강구하고 있다.

소비자심리지수 변화

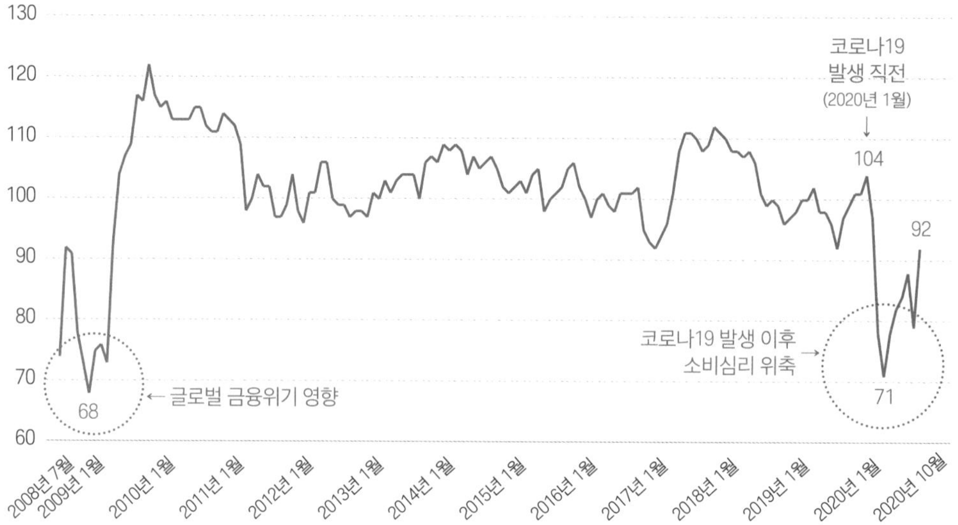

출처: 한국은행 경제통계시스템

그런데 소비자 시각으로 보면 상황이 조금 달라진다. 자영업자와 가맹점들이 타격을 받은 만큼이나 고객들은 소비를 줄였을까? BC카드의 개인 고객이 사용한 총 카드 소비액을 살펴보면 의외로 고객들은 전년도와 비슷한 소비 규모를 유지하고 있었다. 정확히는 단 0.036%만 감소했을 뿐이다. 소비의 형태가 대면에서 비대면으로 그 형태만 바꾼 것이다. 대면 형태가 강한 업종들, 특히 요식업, 면세점, 여행업, 숙박업과 같은 업종에서의 소비가 비대면 형태의 온라인 배달, 온라인 쇼핑·취미 생활 등으로 옮겨졌기 때문이다. 온라인을 통한 결제액만 살펴봤을 때 전년 동기 대비 16.7%(약 3조 원) 증가했다. 이를 다른 업종들과 취합해보면 단편적이나마 개인의 소비가 유지된 이유를 쉽게 추정할 수 있다.

우리는 이제 코로나19 시대 맞춤 소비를 한다

다양한 색을 가진 그림의 물감을 하나로 섞었을 때 기존의 특징을 알 수 없는 검은색으로 바뀌는 것처럼 빅데이터를 한 군데로 섞어 단순히 집계하였을 때 얻어낼 수 있는 의미가 희석되기도 한다. 이를 제대로 해석하고 인사이트를 얻기 위해서는 평균으로 집계한 빅데이터가 아닌 선명한 색을 가진 개별 소비 행태의 스몰 데이터를 살펴보고 이를 다시 빅데이터로 검증하는 과정이 필요하다.

앞서 사례의 주인공이었던 평범한 신입사원 A 씨는 자기 자신일 수도 있고, 주변 사람 중 한 명일 수도 있다. A 씨의 소비 행태를 되짚어보자. 100% 대면 결제나 100% 비대면 결제와 같이 단편적으로 분리할 수 없다. 사람들은 자신이 현재 처한 상황에 적합한 대면, 혹은 비대면, 그리고 대면과 비대면이 혼합된 형태로 소비의 황금비를 찾아가고 있다. 코로나19 시대에 적합한 맞춤 소비를 하고 있는 것이다.

신입사원 A 씨의 사례를 통해 그가 식당에서 먹는 밥값이 5%가 줄고 온라인 쇼핑 값이 16% 늘었다는 것은 알 수 없으나, 인근 상권에서 식사 소비를 하지 않더라도 안전에 대한 우려와 재택근무를 하는 상황으로 평소와 다른 동네 소비가 발생했다는 것을 알 수 있다.

이러한 관점에서 서울시 요식업종의 매출 변화를 시각화해보면 단순히 외식이 줄어든 것이 아니라 집객 형태의 상권은 쇠퇴하고 있으나, 동네 소비 형태의 상권은 오히려 성장하고 있다. 2018년 상권 전반 매출액은 강남, 중구와 같이 전통적인 집객형 상권을 중심으로 발생하지만 2020년의 경우 동네 소비가 활성화하면서 주거 지역까지 소비의 범위가 확대된 것을 확인할 수 있다.

매출액에 따른 주 소비 발생 상권의 이동(2018년 VS 2020년 4월 기준)

● 2018년
강남, 중구(을지로, 명동) 등
전통적인 상권 중심으로 소비 발생

● 2020년
온라인 소비 증가 및 동네 소비 활성화 등으로
전통 상권 이외 주거 지역까지 소비 중심이 이동

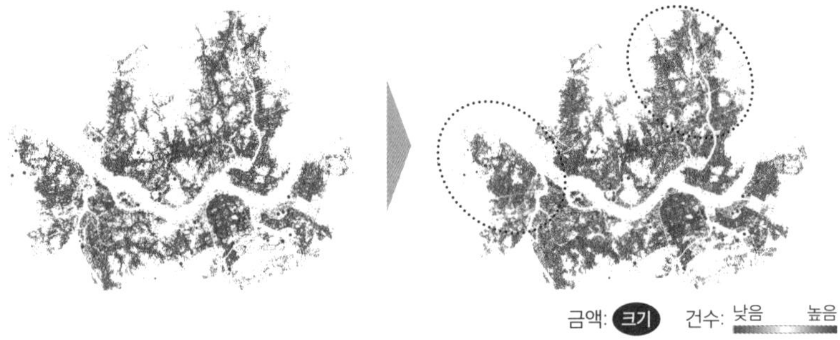

출처: BC카드 빅데이터센터

모든 온라인 소비가 늘어난 것도 아니다. 플랫폼화가 더욱 가속화되면서 쿠팡과 같은 오픈마켓들의 매출은 17.5% 이상(전체 온라인 증가액의 약 70%가량) 크게 늘었으나, 오히려 개인사업자가 하는 작은 규모의 쇼핑몰 매출은 전년 수준보다 소폭 상승하거나 유지하기 급급했다.

이러한 현상을 조금 더 명확히 정의하면 '오프라인 파편화'와 '온라인 집중화'라고 할 수 있다. 집객형 상권은 상권 유지를 명목으로 부동산 가격이 지속해서 상승하지만 동네 상권은 상대적으로 이에 영향을 받지 않는다. 집객형 상권의 장점인 유동 인구 집객도 동네 상권은 소셜 네트워크를 통한 홍보 등을 통해 해결할 수 있게 됐기 때문에 오프라인은 점차 더욱 빠르게 파편화되고 있다.

온라인은 코로나19를 기준으로 이용 연령이 급격히 확대됐으며, 온라인에 익숙하지 않던 노령층도 속속 플랫폼으로 유입되고 있다. 이때 더 높은 편의, 더 쉬운 이용을 제공하는 대형 플랫폼으로 온라인 집중화가 이루어진다.

결국 소비는 줄지 않는다. 인간이 생활을 이어나가는 한 어떤 시대가 찾아와도 소비는 꾸준히 발생할 것이다. 다만 생활이 변화함에 따라 소비의 패턴, 즉 방향이 바뀔 뿐이다.

수많은 자영업자, 다양한 업종 내 비즈니스 마케터들이 해야 할 일은 변화한 평균값이 아니라 바뀐 인사이트를 찾는 것이다. 예를 들어 오프라인 파편화가 지속된다면 식당을 운영하는 자영업자는 배달 플랫폼 판매 비중을 더욱 늘리거나, 혼밥용 배달 전용 세트를 별도로 구성할 수 있을 것이다. 그럼에도 오프라인 형태를 지속해야 한다면 동네 단골 고객에 대한 추적 관리, 행사를 기획할 수도 있다. 그렇게 바뀐 고객의 소비를 자신의 비즈니스로 치환해 서로의 요구를 긍정적인 방향으로 채워나갈 수 있다.

이 데이터 누가 사용할까?

자영업자, 프랜차이즈 창업자

- 자영업자나 프랜차이즈 창업자의 매출에 따른 매장 위치 결정

이 데이터 어디서 찾았을까?

- 한국은행, 경제통계시스템
- BC카드, 카드 소비 데이터

47

집객의 몰락과 골목의 성장

집객의 몰락, 젠트리피케이션

앞서 최근 소비의 패턴이 변화하면서 오프라인 파편화 현상이 나타났고, 이로 인해 동네 소비가 증가한 것을 확인했다. 그렇다면 왜 동네 소비는 활성화되고, 집객형 전통 상권은 차차 시들어가고 있는 것일까? 오프라인 파편화가 가속화하는 이유는 무엇일까?

BC카드 빅데이터센터는《빅데이터, 사람을 읽다》를 통해서 뜨는 상권 5개로 을지로, 성수동, 봉천동 샤로수길, 경주 황리단길, 부산 해리단길을 소개한 바 있다. 뜨는 상권들의 공통점과 이들이 뜬 이유는 '힙'하기 때문이다. 이는 다양한 해석이 가능하지만, 색다른 경험을 제공한다는 의미로 정의할 수 있다.

상권에서 경험의 가치는 점차 상승하고 있다. 과거 사람들에게 중요

오가기 편리해 사람이 몰렸던 지하철역 인근 집객형 상권이 지고 있다. 시간이 갈수록 사람들은 지리적 이점보다 경험의 가치를 더 중시한다.

한 가치가 돈이었다면, 이제 돈보다 얼마나 색다른 경험을 했는지가 더 가치 있는 것으로 받아들여지는 시대다. 돈보다 시간, 그리고 아직 못해 본 것을 경험해보는 것의 가치를 더 높게 평가하고 있다. 예를 들어 20대에게 을지로의 허름한 노포와 가맥('가게 맥주'의 줄임말)을 즐기는 것은 해 본 적 없는 생소한 경험이기에 높은 가치로 여겨지고, 이러한 이유에서 20~30대 젊은이들은 계속해서 이곳을 찾는다.

뜨는 상권이 있으면 물론 지는 상권도 있다. 젠트리피케이션 현상이 발생한 경리단길이나 가로수길이 그 예다. 10년 전만 해도 이들 상권은 가장 트렌디하다고 평가받으며 많은 사람이 몰렸으나, 이제 더 이상 색다른 경험으로의 가치를 제공하지 못한다. 해당 상권들이 집객형 상권화됐기 때문이다. 집객형 상권의 대표적인 예는 지하철역 근처에 위치한 상권들이다. 강남역 근처 대로변과 같이 거대한 범위가 아닌 역 출구를 빠져나왔을 때 그 인근에 즐비한 상가들을 일컫는다.

상업 젠트리피케이션 분석

서울시 지역별 진단지표

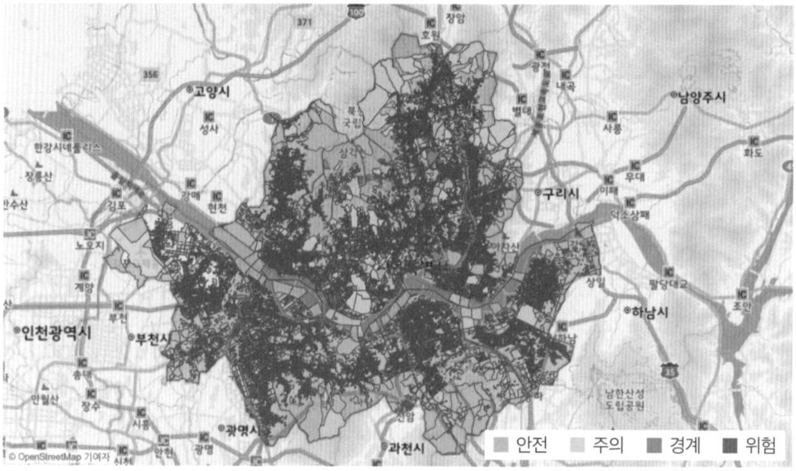

젠트리피케이션 연관검색어

기초지표 요약

매출액 증감율	상주인구수 증감	프랜차이즈 비율	카페 업종 비율
⬆ 2.2%	⬇ 0.000%	⬆ 3.2%	⬆ 2.0%

출처: 금융 빅데이터 플랫폼

일반적으로 유동 인구가 많은 지역의 위치 특성상 신규 고객이 대거 유입된다는 것이 특징이다. 그런데 경리단길과 가로수길은 유명세와 함께 유동 인구가 많아지면서 집객형 상권화가 진행됐다. 상권에 속한 가맹점들의 매출 규모는 유지되거나 소폭 상승하는 데 비해 임대료는 계속해서 상승하고 그 결과 원주민(기존에 상권에 속해 있던 가게)들은 상승한 임대료를 버티지 못하고 퇴출당했다. 결국 상승한 임대료를 버틸 수 있는 곳들만 남게 되는 것이다. 버티는 것이 가능한 곳은 회전율이 높고, 작은 가게 평수를 유지하면서 수익을 낼 수 있는 카페나 자본력을 바탕으로 한 프랜차이즈뿐이다. 결국 상권을 구성하는 내용물(가게)이 평범해지면 더 이상 색다른 경험을 제공하지 못하고 점차 상권이 쇠퇴하게 된다. 바로 상업 젠트리피케이션이 진행되는 과정이다.

젠트리피케이션의 결과가 원주민 퇴출로 이어진다는 우려가 있지만, 현상 자체로 봤을 때 환경 변화에 따라 상권이 평균에 수렴하는 과정이라고 볼 수 있다. 그러나 날이 갈수록 경험의 가치가 중요해지고 있어 더 이상 집객은 과거만큼의 영광을 기대할 수 없다.

집 근처에서 모두 해결, 동네 상권의 성장

코로나19의 확산은 특히 대면 방식과 유동 인구를 기반으로 하는 집객에 지대한 영향을 미쳤다. 반면 소비를 비롯한 모든 것이 비대면화하면서 사람들의 소비가 자신이 사는 동네, 집 근처로 몰리고 있는 현상이 두드러지고 있다. BC카드에서 분류한 고객 유형 중 동네 생활 소비형은 '내가 사는 동네에서, 최소한의 것만'을 구매하는 소비 패턴을 가진 사람들

상업 젠트리피케이션 분석

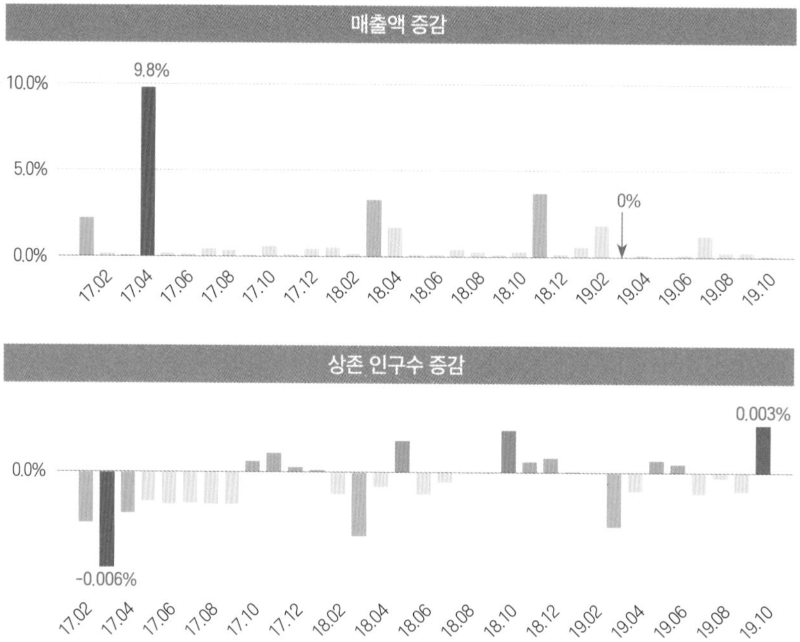

출처: 금융 빅데이터 플랫폼

을 의미한다. 이들의 소비는 사는 곳 2km 이내에 몰려 있으며, 해당 유형의 41%는 거주지로부터 0.5km에서 대부분의 소비를 해결한다.

동네 생활 소비형은 그 비중이 꾸준히 조금씩 늘다가 코로나19 확산 이후에 급격히 증가했다. 이는 재택근무 확대와 사회적 거리 두기 단계 격상의 영향을 받은 것으로 보인다. 기존에는 가정 살림을 도맡는 50대 여성 주부가 주요 고객층이었다면(약 33%), 현재 30~40대로 연령대가 낮아지면서 성별에 상관없이 동네 생활 소비형의 범위가 확대됐다.

동네 상권은 점점 더 빠르게 성장하고 있다. 2019년 동네 상권의 의

TPO 특성 기반의 소비자 프로파일링

동네 생활 소비형

#주거 #슈퍼 #오프라인

- 50세 이상 58%, 2030 18%, 여성57%
- 자택기준 0.5km 이내 소비

워라밸 웰빙형

#여행 #외식 #모바일 #휴가시즌

- 소득, 소비가 높은 3040 직장인
- 거주지 기준 8km 넘어
- 저녁부터 소비

레저 활동형

#레저활동 #디지털콘텐츠

- 20대 47%, 남성 69%
- 2030상권 또는 집 근처
- 주중 소비 70%

오프라인 올빼미형

#술 #편의점 #택시

- 2030남성
- 2030상권
- 심야(22~24시) 소비

일상 소확행형

#커피빵스타 #여가 활동

- 20대 39%
- 2030상권 내
- 저녁(18~22시)

온라인 Only형

#모바일 #음식배달 #생활요금납부

- 3040 57%, 여성63%
- 오프라인 소비 미미
- 시간 무관

BMW형

#지하철 #대중교통 #편의점

- 20대 42.2%
- 거주지를 떠나 소비, 출퇴근 시간대 활성

해비 드라이버형

#자동차#한식#의료

- 남성 78%, 50세 이상이 59%
- 자택 기준 8km 넘어 소비

종합소비형

#모바일 #음식 배달 #여행·숙박

- 2030 57%, 여성63%
- 거주지 기준 8km 넘어 소비
- 2030상권(홍대, 신촌, 강남 등)

외식집중형

#외식 #한식 #양식

- 40%가 50세 이상, 남성 60%
- 직장 기준 전방 8km 이내
- 저녁(18~22시)

출처: BC카드 빅데이터센터

미는 '동네 현지인 맛집', '나만의 아지트'와 같이 나만 아는 경험에 방점이 찍힌 표현으로 설명이 가능했다. 그러나 2020년, 집객 상권의 영향력이 감소하면서 대형 매장은 해체되고, 이는 끊임없이 잘게 쪼개져 개인에게 가장 가까운 동네로 상권을 옮기는 현상으로 이어졌다. 또한 모든 업종의 물품과 심지어 서비스까지도 플랫폼을 통해 판매된다. 상위 1, 2위 대형 플랫폼 위주로 온라인 시장이 개편되자 해당 플랫폼을 활용해 고객과 만날 수 있게 된 오프라인 매장들이 더는 장소에 구애받지 않고 다양한 물건과 서비스를 세상에 내보일 수 있게 됐다.

코로나19는 전염병으로 이에 가장 많은 영향을 미치는 것은 공간이다. 예를 들어 14세기 이동 수단으로 말이 보편화되자 흑사병이 더욱 빠르게 퍼졌고, 21세기 비행기로 공간의 이동이 더 손쉬워지자 그 수단을 통해 코로나가 확산됐다. 이 시대에 우리는 공간의 관점에서 변화하는 것을 찾아야 한다. 그곳에서 비즈니스를 발견할 수 있다. 그중에서도 가장 급변하는 공간이 바로 '동네'라는 것을 기억하자.

이 데이터 누가 사용할까?

오프라인 창업 준비자

- 오프라인 창업을 준비하는 자영업자의 창업 지역 선정

이 데이터 어디서 찾았을까?

- BC카드, 카드 소비 데이터
- 금융 빅데이터 플랫폼, 상업 젠트리피케이션 분석 보고서

48

사회적 거리 두기, 나는 잘 실천하는 편일까?

사회적 거리 두기에 경제 얼마나 흔들릴까

코로나19로 일상화된 비일상을 모두가 매일 겪는다. 불과 몇 달 전까지 미세먼지가 심하거나 감기에 걸렸을 때, 혹은 특수한 상황에나 쓰던 마스크가 지금은 반드시 쓰지 않으면 안 되는 생활필수품이 됐다. 출근길에 '오늘 아침이 왜 이렇게 상쾌하지?'라는 생각이 들면 마스크를 잊은 것이라는 이야기가 있을 정도다. 마스크 쓰기, 손 씻기, 식당에서 자리 띄어 앉기와 같이 일상화된 비일상을 포괄하는 정책이 바로 '사회적 거리 두기'다.

사회적 거리 두기는 코로나19의 지역사회 감염 확산을 막기 위해 사람들 사이의 거리를 유지하는 감염 통제 조치 혹은 캠페인을 이르는 말이다. 11월 1일, 정부는 코로나19 장기화에 따른 지속가능한 방역 체계

도입을 위해 사회적 거리 두기를 기존 3단계에서 5단계로 세분화하고 이를 11월 7일부터 시행한다고 밝혔다.

8월경 사회적 거리 두기의 언급이 잦아졌다. 특히 수도권을 중심으로 한 2단계, 2.5단계 시행 시기와 맞물려서 소셜 네트워크를 중심으로 언급량이 늘었다. 사회적 거리 두기의 단계별 주요 조치는 2단계에서 실내 50인, 실외 100인 이상 모임 금지, 밀접 접촉 등이 많은 클럽 등 유흥, 단란 주점 등의 운영을 중단하고, 2.5단계에서는 21시 이후 일반음식점 등에서 배달과 포장만을 허용하는 등의 내용을 포함하고 있다.

코로나19 장기화와 초기 집단 감염과 달리 감염원을 알 수 없는 지역사회 감염이 산발적으로 일어나자, 사회적 거리 두기의 단계를 격상해야 하지 않느냐는 의견이 여러 곳에서 나오고 있다. 그러나 정부는 경제적 파급효과를 우려해 선제적 격상은 가급적 자제하고 있는 상황이다. 8월 수도권의 사회적 거리 두기 정책 시행에 따른 오프라인 업종에서의

2단계와 2.5단계 사회적 거리 두기 주요 조치

2단계	2.5단계

• 실내 50인, 실외 100인 이상 모임 금지 • 클럽 등 유흥·단란주점, 노래연습장 등 운영 중단	• 프랜차이즈 카페: 배달과 포장만 허용 • 일반음식점, 주점, 패스트푸드 등: 21시 이후 배달과 포장만 허용 • 헬스장, 당구장, 골프장 등 실내 체육시설: 운영 금지 • 독서실, 학원: 집합 금지

※ 온라인 업종 제외. 법인카드, 선불카드 결제 제외

출처: 질병관리청

카드 소비 규모에서 그 이유를 찾을 수 있다. 1단계와 대비해 2.5단계는 동일 기간, 동일 지역에서 1,290억 원 규모로 소비가 격감했다.

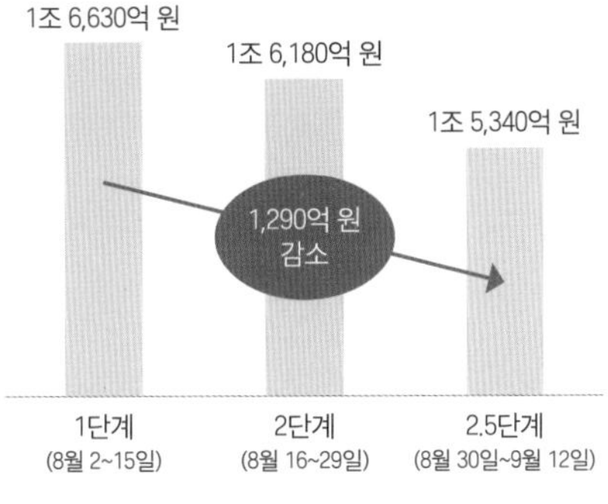

출처: BC카드 빅데이터센터

물론 코로나19 확산을 방지하는 것이 무엇보다 중요하지만, 사회적 거리 두기로 확산될 경제적 파급효과와 특정 업종의 경우 거리 두기 단계에 따라 운영 자체가 중단되어 생계에 직접적으로 타격을 받기 때문에 단계 조절을 신중히 고려할 수밖에 없다.

파급효과의 특징, 대안 찾기

경제적 파급효과를 최소화할 수 있는 명확한 최선책을 찾기는 여전히 어렵다. 그럼에도 난관을 헤쳐나가기 위해서는 기존에 거리 두기가 시행된 동안 사람들의 소비 행태를 보고 차선책을 찾을 수 있을 것이다. 현재 매일 수치가 변하는 코로나19 확진자 수로 사회적 거리 두기 격상 시기를 짐작하기 힘들지만, 그동안 쌓인 데이터로 단계별 소비 행태는 예측 가능하기 때문이다.

사회적 거리 두기 단계별 격상 시 나타나는 소비 패턴 변화는 '대안 찾기' 형태로 나타난다. 1단계에서 2단계로 격상 시 실내 레저나 노래연습장과 같은 고밀집 위험 시설의 경우 소비자들이 실내 밀접 시설을 회

피하면서 업종별로 매출이 최소 12.6%가량 감소했으며, 노래연습장의 경우 최대 81.78%가량 매출이 감소했다.

반면 대안 소비인 실외 레저 시설의 소비는 전반적으로 증가했다. 이는 자동차 이용과 관련된 주유소, 세차장, 렌터카 등의 업종에서도 동일하게 나타나며 사람이 적을 것으로 생각되는 외곽으로 소비자들이 이동한 것을 알 수 있다. 다만, 2.5단계 격상 시에는 모든 자동차 관련 업종에서의 소비가 평균 32.6%가량 줄어들어 이동 자체가 감소했다.

음식점 및 주점 역시 21시 이후 영업 금지 조치가 적용되자 이의 대안 찾기로 편의점, 대형 유통업체의 매출이 늘었다. 독특한 특징으로 편의점에서는 야간 소비가 늘고, 대형 유통의 경우 평균 결제금액의 규모가 커졌다. 즉, 21시 이후의 고픈 배를 편의점에서 달래거나, 외식을 자

정부 차원에서 21시 이후 음식점 및 주점의 영업을 금지하자 그 대안으로 사람들은 한밤중 편의점을 찾거나 대형 마트에서 한 번에 다량의 식자재를 샀다. 소비의 방식이 변화한 것이다.

제하고 집에서 직접 요리하기 위해 대형 마트에서 한 번에 다량의 식자재를 구매한 것으로 추정할 수 있다.

이처럼 사회적 거리 두기의 단계 격상에 따른 경제적 파급효과는 영업 정지 또는 영업시간 축소로 인해 소비 감소가 일시적으로 발생하나, 결국 '대안 찾기' 형태의 소비로 패턴이 변화한다는 것을 알 수 있다. 이는 방역과 비즈니스 목적에서 각각의 인사이트를 제공할 수 있다.

방역 예방 목적에서 살펴보면 사회적 거리 두기 단계 격상으로 오히려 거리가 좁혀진 곳을 카드 소비 데이터로 발견할 수 있다. 대표적인 것이 바로 제과점으로, 정확히는 베이커리형 카페다. '카공족(카페에서 공부하는 이들을 칭하는 말)'이란 말이 있을 정도로 카페를 활용해 개인 학습, 업무를 보는 사람이 점점 더 많아지던 중에 거리 두기 단계 격상에 따라 프랜차이즈형 카페의 영업이 제한되자, 이들은 취식이 가능한 베이커리형 카페로 몰려들었다. 동종 업종이 50% 이상 매출이 급감한 데 반해 베이커리형 카페의 매출은 1% 내외 소폭 상승하여 매출을 유지했다. 이처럼 '카공족'이 '빵공족'으로 변화하는 현상은 소비의 놀라운 '유연성'을 대변한다.

비즈니스 관점에서는 대안 소비처인 대형 마트, 편의점에서 거리 두기 단계 격상 직후 연계한 마케팅을 준비하거나, 방역 상황을 고려했을 때 마케팅을 시행하기가 우려스럽다면 변화에 맞춰 재고 관리를 좀 더 치밀하게 할 필요가 있다.

방역 목적의 정책으로 소비심리가 줄어드는 상황에서 운영을 아예 할 수 없게 된 자영업자들이 자체적으로 모든 것을 해결하는 것은 한계가 있다. 그러나 대안 소비가 어떤 식으로 이뤄지고 있는지 상황을 제대로 파악한다면 각자의 업종에 맞는 대책을 찾을 수 있을 것이다. 실제로 PC방에서 영업이 중단되자 PC방 기기를 단기간 대여하는 서비스를 실시하거나, 반대로 PC방의 대안 소비처로 좋은 PC를 갖춘 숙박업소가 뜬 바 있다. 인간이 살아가는 한 소비는 줄어들지 않고 계속해서 변화한다는 것을 잊지 않고 방안을 찾아가야 할 때다.

이 데이터 누가 사용할까?

정부·지자체의 정책 기획자, 자영업자, 마케터

- 지자체 정책 기획자의 기존 시행 정책에 대한 경제 효과성 분석 및 데이터 기반 정책 수립
- 자영업자의 변화한 소비자의 패턴에 따른 업종별 대안 발굴 및 재고 관리
- 마케터의 사회적 거리 두기를 고려한 대안 소비 연계 마케팅

이 데이터 어디서 찾았을까?

- BC카드, 카드 소비 데이터

49

국가 긴급재난지원금은 한방에 쓴다?

조선왕조실록과 역병

조선왕조실록 역병 조문에 따르면 1392년부터 1864년까지 조선에는 1,400여 건의 역병이 있었다고 한다. 조선 왕조 500년 내내 수많은 역병이 끊임없이 돌았던 것이다. 전염병이 발생하면 도성 내 환자를 구하는 업무를 보던 활인서나 일반 서민의 치료를 맡던 혜민서를 통해 약재를 지급하기도 했고, 왕명으로 감염자들을 강제 격리하거나 하늘의 노여움을 풀기 위해 제사를 지내기도 했다. 이처럼 조선 시대에도 역병의 유행과 이를 대처하기 위한 정부의 노력은 반복되어왔다.

올해 정부에서는 코로나19 확산으로 인한 소비심리 위축 등 경제적 타격을 입은 국민을 지원하기 위해 긴급재난지원금을 분배하는 현금 지원 대책을 시행했다. 국가 긴급재난지원금은 정부의 가장 광범위하고 규모가 가장 큰 대응책이었으며, 카드사들과의 긴밀한 협업을 통해 기존에 보유한 카드에서 편리하게 처리되도록 합을 맞춘 사례다. 또한 기존 카드망과 연계해 시행했기 때문에 적재된 데이터를 통해 사람들이 어떤 식으로 지원금을 사용했는지 분석할 수 있다는 점에서 대책의 방향성에 맞게 이를 소비했는지 파악이 가능했다. 그렇다면 실제로 누가, 언제, 어디서, 어떻게, 지원금을 사용했을까?

자신과 서로에게 위로를 건네다

긴급재난지원금은 소비를 크게 진작시키는 효과를 발휘했다. 지금까지 없던 규모의 현금 지원책이었던 만큼 지난 2~4월 저조했던 소비에 비해 5월 소비 규모가 21.3% 이상 급상승하며 4개월 동안 하락했던 소비심리가 반등했을 뿐만 아니라 실제 소비 금액 자체가 급격하게 커졌다.

월별 개인 고객 카드 매출액 변화(2020년 기준)

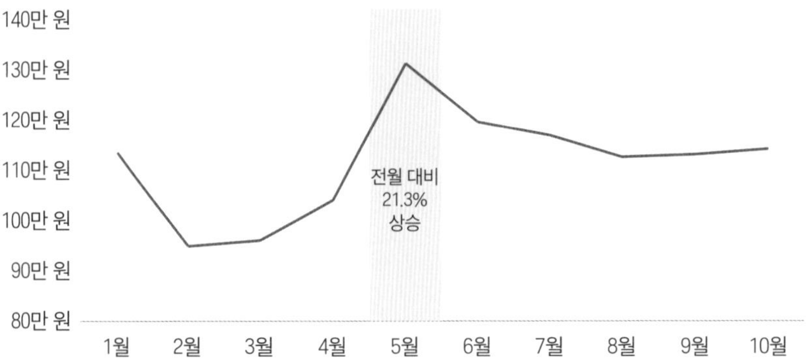

출처: BC카드 빅데이터센터

이렇듯 재난지원금이 양적 측면에서 경제 활성화에 기여했다는 점에 이견이 없다. 질적 측면에서도 이용 가능한 사용처를 영세, 중소 상공인 등으로 제한함으로써 가능한 한 정부에서 지원한 돈이 코로나19의 타격을 입은 자영업자들에게 돌아갈 수 있도록 했다. 더 중요한 것은 국가 재난지원금 제도를 운용함으로써 현금성 복지의 소비 행태와 가구별 소비 행태를 구체적으로 확인하는 좋은 사례를 남겼다는 것이다. 그간 대부분의 복지 지원은 일반적으로 목적에 맞는 형태의 현물이나 바우처, 이용권의 형태로 이뤄져 왔다. 많은 경제학 서적에서 말하는 것처럼 예를 들어 가난한 알코올 중독자에게 끼니를 해결하길 바라며 쌀을 사는 용도로 현금을 지원하더라도, 알코올 중독자는 본인에게 효용이 더 높은 술을 구매하는 데 지원받은 현금을 써버릴 수 있기 때문이다. 이와 같이 잘못된 목적으로 사용하는 것을 방지하고자 현금성 지원은 가급적 지양하는 복지 정책이 대다수다.

하지만 이번 재난지원금은 사용하는 데 제한이 적다 보니 평소와 다른 소비 행태가 나타났다. 특히 업종과 이용 단가, 그리고 이용 시기에 차이가 있었다. 먼저 업종에서는 일반적인 소비가 이뤄졌던 업종 대비 유통업 소비가 +5%p 크게 증가했는데, 이는 평소 구매하기 힘들었던 물품을 목돈으로 한방에 해결했다고 해석할 수 있다. 상세 업종으로 보면 축산 관련 매장의 이용이 크게 늘어 그간 마음 졸였던 이들이 함께 모여 고기를 구워 먹으며 조금이나마 숨쉴 구멍이 생긴 것에 대한 축하를 나눴을 것으로 예상된다.

이렇듯 목돈 형태로 소비하다 보니 재난지원금 이용 기간이 5~8월까지 총 4개월가량이었으나, 실제 소비는 5월 62.6%, 6월 30.4%가 이뤄

코로나19로 일종의 전시 상황과 같던 지난 5~8월, 긴급재난지원금 이용으로 시장에 빠르게 활기가 돌았다.

져 대부분 단기간에 소진됐다. 단순 월별 집계가 아닌 이용 시점으로 계산해도 첫 소비가 발생한 이후 약 2주 동안 80% 이상 소비가 집중됐다.

물론 국민의 세금으로 지원되는 지원금인 만큼 정책을 정교화해서 위의 축산 구매와 같은 비일상 소비(목돈 구매)보다는 가능한 일상적인 소비를 유도하고, 이를 통해 현재 취약계층인 다수의 자영업자들에게 도움이 되도록 정책을 구성하는 것이 옳으나 코로나19 시기는 일종의 전시 상황과 같아 적시성이 중요했다. 이러한 관점에서 재난지원금은 필요한 시기에 빠르게 지원되어 경제 활성화에 기여했다고 볼 수 있다.

긴급재난지원금은 세대주에게 지급되는 방식이었다. 예를 들어 원룸에 자취하며 해당 지역에 전입신고를 마친 학생인 경우 지원금을 직접 수령했지만, 자취를 하고 있으나 거주지가 본가로 되어 있는 학생의 경우, 본가에 있는 세대주에게 지급됐다. 이에 따라 개인의 소비 행태가 아닌 가구의 소비 행태를 엿볼 수 있는 데이터가 축적됐다.

코로나 블루가 만연했던 어려운 시기에 조금의 여유가 생기자 사람들은 서로를, 혹은 무너진 자신을 달랬다. 값이 비싸 피했던 음식을 함께 먹고, 사고 싶지만 다음을 기약했던 물품을 사서 스스로 위로했다. 어느 때보다도 힘들 때 대중의 요구와 재난지원금의 쓸모가 잘 맞아떨어진 것처럼 각 업종 실무자나 마케터들의 불황을 타파할 방법에 대한 목마름과 긴급재난지원금 사용 경로로 쌓인 데이터의 쓸모가 적합하게 결합하여 많은 이들의 마음을 도닥여줄 아이디어가 나오기를 기대한다.

이 데이터 누가 사용할까?

정부·지자체의 정책 기획자

- 정부 및 지자체 정책 기획자의 기존 시행 정책에 대한 경제 효과성 분석 및 데이터 기반 정책 수립

이 데이터 어디서 찾았을까?

- BC카드, 긴급재난지원금 소비 정보

50

뉴노멀 시대의 변화에 대응하는 법

비일상의 일상화, 변화하는 것을 찾아라

최근 "포스트 코로나, 뉴노멀을 말하다…", "뉴노멀 시대를 준비하라"와 같은 제목의 기사나 영상을 자주 접했을 것이다. '뉴노멀'은 시대 변화에 따라 새롭게 부상하는 표준을 뜻한다. 예를 들어 식당, 공원 등 실내외를 가리지 않고 눈에 띄는 곳에 붙어 있는 거리 두기 안내를 발견하거나 회사의 CEO나 임원에서부터 주니어 직급까지 화상회의를 통해 만나는 일은 이제 모두에게 익숙하다. 이처럼 일상적이지 않던 일들이 새로운 표준으로 자연스럽게 자리 잡는 것이 바로 '뉴노멀'이다.

코로나 시대의 뉴노멀은 '비일상의 일상화'다. 소비 관점에서 본격적으로 분석을 시작하기도 전에 개인의 소비 행태가 달라졌다는 것은 충분히 예상 가능하다. 거리 두기를 위해 위생 관련 용품을 소비하거나, 화상회의를 할 수 있도록 돕는 서비스나 기기를 구매하면서 소비가 발생하기 때문이다. 우리는 변화된 일상에 나도 모르는 새 적응하고 관련 소비를 한다.

한 발 앞서 미래를 예측하기 위해서는 결국 소비에서 변화하는 것을 찾아야 한다. 지금까지 소비 관점에서 코로나19의 영향을 살펴본 결과, 크게 소비 채널의 온라인화(또는 가속화), 오프라인 소비의 파편화 흐름으로 변화하고 있음을 확인했다. 반대로 변하지 않는 사실도 있다. 소비 규모가 줄어드는 것이 아니라 대안 소비의 형태로 다른 곳에 눈을 돌려 계속해서 소비한다는 점이다. 이를 통해 기존 영역이 아닌 변화하는 영역 또는 아직 변화하지 않은 영역에 새로운 비즈니스의 기회가 있다는 것을 알 수 있다.

소비의 뉴노멀, 기회를 찾으려면

그렇다면 소비의 뉴노멀에서 어떻게 기회를 찾을 수 있을까? 전염성 질병은 공간에 직접적인 영향을 미치기 때문에 먼저 코로나19로 가장 많이 변화한 곳을 찾아야 한다. 공간에서 변화가 발생한다면 가장 먼저 영향을 받는 곳은 오프라인 매장일 것이다. 단순히 오프라인 매장 전체가 아니라 체험이 필요한 오프라인 소비에 큰 영향을 미친다.

소비에서 코로나19의 영향이 가장 컸던 2020년 1월부터 3월까지와 그 직전인 2019년 10월부터 12월까지의 품목별 온·오프라인 소비 증감을 비교해보면 체험할 필요 없이 단순히 구매로 끝나는 음식 관련 품목들은 구매 방식이 급격히 온라인으로 옮겨가는 모습을 보이고 있다. 반면, 의류, 화장품, 스포츠 레저용품 등 체험이 필요한 소비 품목은 오프

품목별 온·오프라인 소비 증감률
(2019년 10~12월 대비 2020년 1~3월 기준)

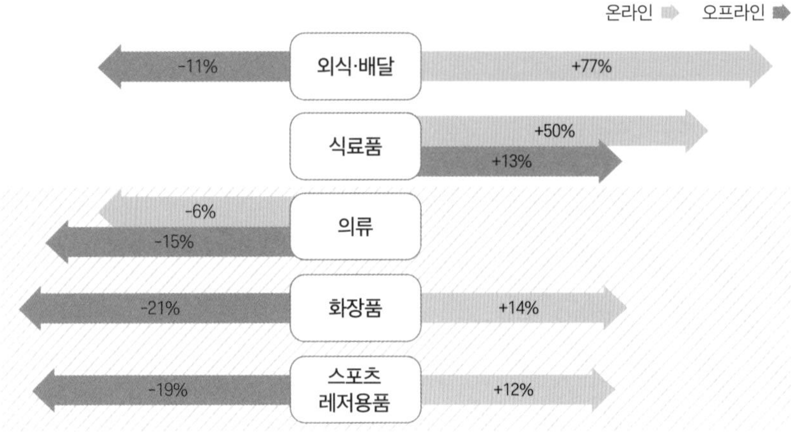

출처: BC카드 빅데이터센터

라인에서 온라인으로의 소비 전이가 더디게 나타난다.

여기에서 두 가지 비즈니스 기회를 찾을 수 있다. 첫 번째 '플랫폼을 이용하라', 두 번째는 '체험 중심으로 오프라인 공간을 조성하라'는 것이다. 첫 번째 기회는 소비재로, 이미 갖춰진 대형 플랫폼에서 찾을 수 있다. 외식이나 배달 업종에서는 배달의민족, 요기요, 쿠팡이츠와 같은 플랫폼이, 식료품에서는 마켓컬리뿐만 아니라 각종 대형마트의 온라인 판매 채널이 함께 부상하고 있다. 코로나19 상황이 장기화할수록 이용하기 쉬운 플랫폼이라거나 회사의 재무적 역량이 탄탄하다는 이유로 온라인 판매는 업계 1, 2위의 대형 플랫폼 위주로 개편될 가능성이 높다. 이는 2020년 상반기, 온라인 PG Payment Gateway 업종을 통한 상위 100개 가맹점 매출 합계가 98.2%로 전년 대비 16.5%p 이상 증가했다는 결과에서도 확인할 수 있으며 앞으로도 지속될 것으로 예상한다.

이와 같은 상황에서 일반 가맹점에게 플랫폼 이용은 선택이 아닌 필수가 됐다. 외식 및 배달 업종에서의 온라인 소비가 이전 기간 대비 77% 이상 증가했다는 점에서 소비자의 선택이 플랫폼을 이용하는 방향으로 크게 기울었다는 것을 확인할 수 있다.

전과 달리 플랫폼을 활용하지 않으면 살아남기 어려운 상황이 되자 제품의 특성상 플랫폼 이용이 어렵다는 것도 옛말이 됐다. 오히려 제품의 특성을 플랫폼에 맞춰 개발하는 현상이 나타나기 시작했다. 예를 들어 조리가 필요한 국물 요리의 경우 과거에는 제품 특성상 배달이 어려웠지만 최근에는 비 조리 포장 상품 형태로 이를 극복하기도 한다. 일종의 밀키트 형태로 배달하는 것이다. 실제로 상품명 내 '비 조리'를 포함하는 상품의 온라인 매출 건수는 코로나19 상황에 전년 동기 대비 45%나 급증했다. 이에 따라 사업자나 창업자는 기존에 플랫폼 이용이 어려웠던 서비스들을 플랫폼으로 끌어들이고, 플랫폼 참여자들은 플랫폼 특화 상품을 준비할 필요가 있다.

두 번째 기회는 체험이 필요한 집객형 오프라인 매장의 위기에서 찾을 수 있다. 아직 변화하지 않은 집객형 상권 내 매장에 온라인으로의 소비 변화, 오프라인 파편화 현상은 큰 위기다. 온라인을 통한 소비가 일상화되면서 소비자는 더 이상 오프라인에서 구매할 필요를 느끼지 못한다. 과거에는 주로 사고자 하는 상품의 값을 손쉽게 비교해 더 저렴하게 구매하고자 구매 채널로 온라인을 선택했지만, 직접 체험해볼 수 있다는 오프라인의 강점을 간접적이나마 유튜브와 같은 온라인 채널로 대체할 수 있게 되면서 오프라인이 더욱 외면 받는 상황이다.

경험 중심의 오프라인 운영 전략

자라ZARA

- 전 세계 매장 중 약 16% 축소
- 온라인 판매 집중 계획 발표(2020년 6월)

아모레퍼시픽

- 300여 평의 체험형 매장 'AMORE 성수' 오픈(2019년 10월)
- 화장품을 판매하지 않고, 아모레퍼시픽 30여 개 브랜드 제품 체험 제공
- 메이크업 클래스, 전문가 메이크업 체험 및 카페, 정원, 전시 제공

시몬스

- 복합문화공간 '시몬스 테라스' 오픈(2018년 9월)
- 시몬스 침대 컬렉션 체험, 침대 박물관, 브랜드 철학 공유, 전시 제공
- 오픈 1년 만에 누적 방문객 10만 명 돌파

출처: BC카드 빅데이터센터

오프라인이 공간으로서 가치를 가지려면 판매 채널이 아닌 경험 채널이 되어야 한다. 영상과 리뷰를 통한 간접 체험은 한계가 있을 수밖에 없다. 이 점에 집중한 경험 중심의 오프라인 운영 전략이 필요하다. 이미 각종 기업에서 온라인 판매 집중 계획을 발표하며, 오프라인 매장을 몸으로 경험하는 프리미엄 체험존으로 포지셔닝하고 있다. 의류 브랜드 자라ZARA는 지난 6월 전 세계 매장을 약 16% 축소한다는 발표와 함께 기존 오프라인 매장은 체험 공간으로 포지셔닝하겠다고 밝히기도 했다. 화장품 브랜드 아모레퍼시픽은 300평 남짓 규모의 '아모레 성수'를 오픈해 이곳을 화장품 판매 매장이 아닌 자사 제품을 체험할 수 있는 공간으로 꾸몄다. 침대 제조업체 시몬스의 경우 복합문화공간 '시몬스 테라스'를 통해 자사 제품을 체험해볼 수 있을 뿐만 아니라 브랜드 철학을 공유

할 수 있는 침대 박물관, 전시 등을 제공함으로써 오픈 1년 만에 누적 방문객 10만 명을 돌파했다.

현재 체험형 품목의 온라인 소비가 저조한 것은 고객이 구매 전 사전 탐색에 필요한 정보를 충분히 제공하지 못하고 있기 때문일 것이다. 체험 공간으로 포지셔닝한 오프라인 매장이 이러한 역할을 수행할 수 있다. 소비의 패턴이 변화한 것에 맞춰 물품 판매에서 서비스, 공간, 체험 판매로 비즈니스를 변화하는 것이 필요하다.

소비의 뉴노멀이 열린 포스트 코로나 시대에 살아남는 방법이 변화를 찾는 것이라면 지금 가장 유용한 방편은 데이터다. 데이터에 접근할 때 '분석'보다 '활용'에 초점을 맞춰야만 한다. 빅데이터와 평균값은 느리게 변화하며 그 원인은 찾아내기가 어렵기 때문에 먼저 스몰 데이터에 접근하는 것이 좋다. 작게는 본인이 세운 가설을 검증하고, 한 단계 더 깊게 들어가 개인과 각 기업이 보유한 데이터를 원자료raw data 수준에서 살펴봐야 한다. 비즈니스 관점에서 가설을 세우고 데이터를 검증하는 과정을 반복한다면 변화를 발견하는 순간이 찾아올 것이다. 지금까지의 50가지 분석이 많은 기업과 단체, 개인에게 도움이 되기를 바란다.

이 데이터 누가 사용할까?

기업, 자영업자

- 현재 오프라인 매장을 운영하는 기업과 자영업자의 포스트 코로나 시대 준비

이 데이터 어디서 찾았을까?

- BC카드, 업종별 소비 정보

미주

1 “올해 식세기, 의류건조기, TV 날았다… 코로나19 집콕 영향”, 《전자신문》, 2020.11.26.

2 “비 오는 날, 막걸리에 부침개가 당긴다... 왜 그럴까?”, 《연합뉴스》, 2016.07.07.

3 “퍼스트클래스처럼…일룸 ‘플라세르 모션 라운지베드’ 12월 출시”, 《이데일리》, 2020.11.04.

4 “전염병 관리시스템 ‘구글플루’가 성공할 수 없는 이유”, 《이투데이》, 2014.03.24.

5 “코로나 재유행에 관련주 희미 교차… 언택트↑여행주↓”, 《뉴시스》, 2020.08.21.

6 “치킨공화국 폐업률 1위인데 ‘너도나도’ 치킨 창업…따져보니 ‘이유 있네’”, 《뉴시스원》, 2020.08.12.

7 “신용대출 금리 ‘1%시대’라는데 나는 왜 4%지?”, 《머니투데이》, 2020.06.06.

8 “코로나19 직격탄...임대인-임차인 갈등 법적 다툼 급증”, 《파이낸셜뉴스》, 2020.03.31.

9 “[이슈분석] 통신비 회계정보 SNS로 신용평가 중금리 대출 활성화”, 《전자신문》, 2020.07.14.

10 “2시간 생활권…서울 사람, ‘강원도 아파트’ 많이 샀다”, 《이데일리》, 2020.03.16.

11 “월세 살면 자가 대비 결혼 가능성 65% 낮아”, 《MBC NEWS》, 2020.10.21.

12 “유통업 생존… 뭘 샀나 말고 왜 샀나를 질문하라”, 《한국경제》, 2020.07.26.

13 KT경제경영연구소, <유아 ICT시장의 성장과 기회>, 2017.09.12.

14 “‘넛지’ 필요한 공유 킥보드 주정차 문제”, 《전자신문》, 2020.06.05.

15 “따릉이·킥고잉 타고 출근… 퍼스널 모빌리티 이용 360% 폭증”, 《파이낸셜뉴스》, 2020.09.10.

16 “회원 120만…쑥쑥 크는 ‘스마트 홈스쿨링’”, 《한국경제》, 2020.04.07.

17 “‘코로나 장기화’에 피부과·성형외과 대박난 이유는?”, 《더팩트》, 2020.08.30.

18 “코로나19에 성형외과 웃고 소아·이비인후과 울고”, 《중도일보》, 2020.05.24.

19 “이때다…재난지원금 들고 성형외과 몰려간 ‘코로나 방콕족’”, 《중앙일보》, 2020.05.14.

20 ““마스크 쓰는 지금이 기회”…강남 ‘코로나 성형’ 바람 분다”, 《중앙일보》, 2020.05.10.

21 “지금 행복하자… 2030은 명품 수입차 ‘플렉스’ 열풍”, 《조선일보》, 2020.08.12.

22 “‘비대면 식사’ 선호에 도시락 매출 ‘쑥쑥’”, 《한겨레》, 2020.09.01.